みんなが主人公の学校

学校はみんなでつくる場所

保井隆之
yasui takayuki

ドキュメント UD

大日本図書

日本語国際《こくさい》学級の壁面《へきめん》を飾《かざ》る「中国《ちゅうごく》コーナー」(左上)と「韓《かん》国《こく》コーナー」(上)。〈第一章〉

東京《とうきょう》シューレ葛飾《かつしか》中学校の「でこぼこルーム」。〈第三章〉

シューレ中の「授業《じゅぎょう》ルーム」。やわらかい座面《ざめん》のいすと台形の机《つくえ》は、学期に1日のテスト時だけ列に並《なら》べます。〈第三章〉

手話《しゅわ》ですべての授業《じゅぎょう》をおこなう、明晴《めいせい》学園小学部の授業《じゅぎょう》のようす。〈第二章〉

明晴《めいせい》学園の教室は、どこからも手話《しゅわ》が見えやすいように、戸を取りはらっています。〈第二章〉

チャイムのかわりに光って知らせる「パトライト」。〈第二章〉

はじめに

いきいきと笑顔で学ぶ学校

少子化の時代に生まれたみなさんのまわりでは、二つ以上の学校を一つにまとめる統廃合《とうはいごう》が進み、学校の数がどんどん減《へ》っているのではないでしょうか。

そんななか、全国に目を向けてみると、今までにない新しいタイプの学校ができています。

英語で授業《じゅぎょう》をする学校、発達障害《しょうがい》の児童生徒を対象とした学校、不登校の子のための学校……。そんな独自《どくじ》の教育を行う学校が、二〇〇三年からあいついで設立《せつりつ》されているのです。

小泉純一郎内閣《こいずみじゅんいちろうないかく》時代にできた「構造改革《こうぞうかいかく》特区制度《せいど》」によって、地域限定《ちいきげんてい》で教育分野の規制緩和《きせいかんわ》が進み、学校をつくるためのハードルが下がったのが理由です。

従来《じゅうらい》は、校地と校舎《こうしゃ》を自分で所有していることが、学校を開《かい》

設《せっ》するために必要な条件《じょうけん》でした。しかし、長期間借りられる保《ほ》証《しょう》があれば、設立《せつりつ》が認《みと》められるようになりました。

また、私立《しりつ》学校をつくるには、私立《しりつ》学校法の規定《きてい》で、学校法《ほう》人《じん》を設立《せつりつ》する必要がありました。しかし、構造改革《こうぞうかいかく》特区では、株式《かぶしき》会社やＮＰＯ《エヌピーオー》法人《ほうじん》、学習塾《じゅく》、フリースクールなどでも学校を設置《せっち》できます。

さらに、学校のカリキュラムも、必修《ひっしゅう》科目や指導内容《しどうないよう》、授《じゅ》業《ぎょう》時間数などを定めた学習指導要領《しどうようりょう》にしばられない教育課程《かてい》が組みやすくなりました。

この本で紹介《しょうかい》する、不登校の生徒のための東京《とうきょう》シューレ葛飾《かつしか》中学校や、耳が聞こえない子が手話《しゅわ》で授業《じゅぎょう》を受ける明晴《めいせい》学園は、構造改革《こうぞうかいかく》特区制度《せいど》を利用して生まれた学校です。

両校とも、その設立《せつりつ》の陰《かげ》には、保護者《ほごしゃ》や関係者の長年にわたる運動と熱い思いがありました。こうした前例のない学校がつ

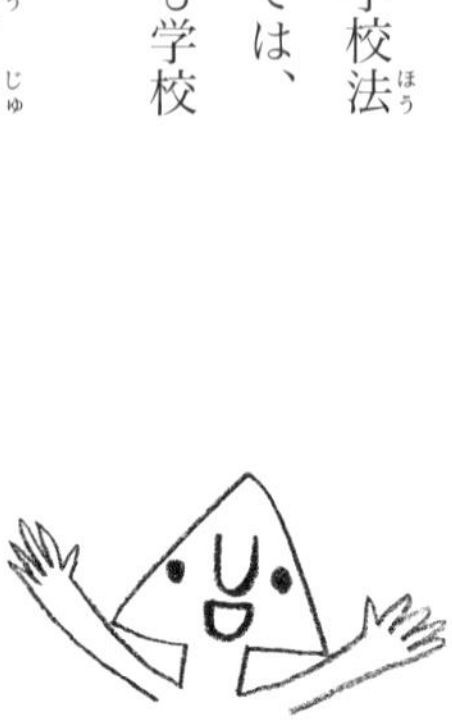

ぎつぎと生まれる背景《はいけい》に、これまでの学校が、いかに多くの子どもたちを切り捨《す》て、取りこぼしてきたかという現実《げんじつ》が垣間《かいま》見えます。

また、二〇〇七年から、児童生徒一人ひとりのニーズに応《おう》じてサポートする、特別支援《とくべつしえん》教育が本格的《ほんかくてき》に始まりました。

知的な遅《おく》れはないのに、読み書き計算など特定の能力《のうりょく》の習得が困難《こんなん》な学習障害《しょうがい》（LD《エルディー》）、発達に不釣《ふつ》り合いな注意力や多動《たどう》性《せい》、衝動性《しょうどうせい》などが特徴《とくちょう》の注意欠陥《けっかん》・多動性障害《たどうせいしょうがい》（ADHD《エーディーエイチディー》）、特定のことがらにこだわりが強いなどの特徴《とくちょう》のある高機能自閉《こうきのうじへい》症《しょう》など、これまでの特殊《とくしゅ》教育では対象とされなかった発達障《しょう》害《がい》の子をサポートしていくことになったのです。

正直なところ、新聞記者として障害児《しょうがいじ》の教育問題を記事にしてきたわたしから見ると、遅《おそ》すぎたというのが実感です。

自分が発達障害《しょうがい》であることに気づかず、「みんなと同じよう

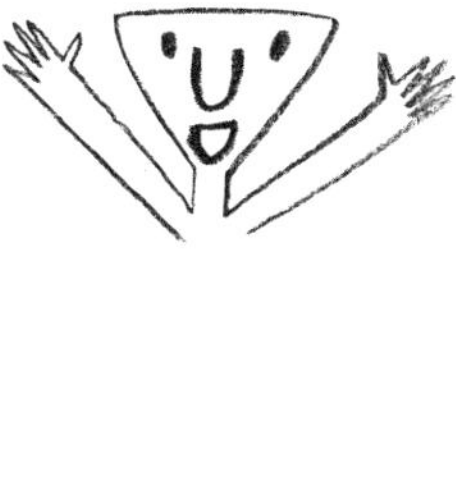

にできないのは、努力がたりないからだ」とみずからを責《せ》め続けたり、先生や友だちから「怠《なま》けている」「わがままだ」などと言われ続け、苦しんだ人も少なくありません。この本に登場する南雲明彦《なぐもあきひこ》さんも、そんな一人です。

自分の意に反して学校に行けなくなってしまった子、手話《しゅわ》という「母語《ぼご》」を取り上げられてきた子、母国《ぼこく》と日本との間で自分とはなにかと悩《なや》む子……。

これから紹介《しょうかい》するのは、こうした子どもたちがいきいきと笑顔で学ぶ学校です。障害《しょうがい》も、国籍《こくせき》も、つらい過去《かこ》も、その子のかけがえのない一部として尊重《そんちょう》し合う仲間が集まった、子どもたちが主人公の新しい学びの場です。

この本が、みなさんの中にひょっとしたらあるかもしれない心の壁《かべ》を、取りのぞくためのきっかけになれば、こんなにうれしいことはありません。

みんなが
主人公の学校

学校はみんなでつくる場所

もくじ

外国にルーツをもつ子どもとともに

アイデンティティを育てる日本語国際《こくさい》学級

東《とう》京《きょう》の中のコリアタウン

東京《とうきょう》・ＪＲ《ジェイアール》山手《やまのて》線の新大久保《しんおおくぼ》駅で降《お》りたとたん、韓国《かんこく》に迷《まよ》いこんでしまったかのような、ふしぎな感覚にとらわれました。

大通り沿《ぞ》いにずらりと並《なら》ぶ韓国《かんこく》料理店から漂《ただよ》ってくる焼き肉のおいしそうなにおい、目にまぶしいほどのキムチの赤色、力強いハングルの看板《かんばん》、そしてさわやかにほほ笑みかけてくる韓流《かんりゅう》スターのポスターやグッズの数々……。みなさんも、一度はテレビでそんな街並《まちな》みを、見たことがあるのではないでしょうか。

大通りを少し入った町の一角に、新宿《しんじゅく》区立大久保《おおくぼ》小学校があります。学校の向かいには、日本の数々の怪談《かいだん》を世界に紹介《しょうかい》した小泉八雲《こいずみやくも》（ラフカディオ・ハーン）の記念公園があります。大久保《おおくぼ》は、明治《めいじ》時代には、夏目漱石《なつめそうせき》や永井荷風《ながいかふう》、島崎藤村《しまざきとうそん》などの名だたる文豪《ぶんごう》が住居《じゅうきょ》を構《かま》えた静かな町だったのです。

その時代とうってかわった町のようすに、主に一九八〇年代以降《いこう》、日本での成功を夢《ゆめ》見て来日し、定住した外国人「ニューカマー」の激増《げきぞう》ぶりを、ひしひしと感じました。

日本の外国人人口が一パーセントを超《こ》えたのは、二〇〇〇年です。

新宿区《しんじゅくく》は現在《げんざい》、住民の一割《わり》が外国人で、その数約三万人。国籍《こくせき》は百か国を超《こ》えます。

大久保《おおくぼ》小の学区も三割《わり》が外国人です。全校児童約二百人のうち、外国にルーツをもつ子どもたちは六割《わり》。その子どもたちの故郷《こきょう》の数は、十か国に達します。

この章で紹介《しょうかい》する善元幸夫《よしもとゆきお》先生は、この大久保《おおくぼ》小学校で、同僚《どうりょう》の二人の教師《きょうし》といっしょに、こうした子どもたちに日本語を教えています。

楽しく、遊びながら学べる「漢字お経《きょう》」と「漢字カルタ」

善元《よしもと》さんの授業《じゅぎょう》を見学させてもらいました。「日本語国際《こくさい》学級」と書かれた教室の扉《とびら》を開くと、街中以上に国際的《こくさいてき》な雰囲気《ふんいき》に包まれていました。

中国《ちゅうごく》、韓国《かんこく》、アジア（タイ）、オーストラリア。壁《かべ》にはさまざまな国を紹介《しょうかい》するコーナーが設《もう》けられ、写真や絵とともに、いろいろなものが展示《てんじ》してあります。

中国の万里《ばんり》の長城《ちょうじょう》のＴ《ティー》シャツ、大きな韓国《かんこく》のお面、タイのきらびやかなアクセサリーや人形……。どれも手に取ってさわることができます。

ソファーもあり、ふつうの教室とちがって、どこかのんびりした空気が漂《ただよ》っています。なんだかとても居心地《いごこち》がいい場所だなあ、と思いました。

教室では、五年生の男の子と六年生の女の子が、日本語を勉強していました。

善元さんが、漢字がびっしりと書かれた一枚《まい》のプリントを配りました。小学校三年生で習う漢字一覧表《いちらんひょう》を、ア行から順に並《なら》べたものだそうです。

善元さんが太鼓《たいこ》をたたきながらテンポをとると、子どもたちがいっせいに音読《おんどく》を始めました。

「アクアンアン／イーイーイクインインイン／ウンエイエキオウオウ」

（悪・安・暗／医・委・意・育・員・院・飲／運・泳・駅・央・横）

そのリズムと響《ひび》きは、まるでお坊《ぼう》さんが唱えるお経《きょう》のようです。善元さんはこれを「漢字お経《きょう》」と名づけています。

みんなでいっせいに声を合わせるだけでなく、時間差で音読する輪唱バージョンもあります。

「ことばはリズムが大事です。子どもたちは楽しみながら、あっという間に暗記しちゃいますよ」と、善元さんが説明してくれました。

善元さんと子どもたちは、次は机《つくえ》の上に、たくさんのカードを並《なら》べ始めました。大きく記されているのは漢字です。その上には、もともとの形である古代《こだい》文字が添《そ》えられています。

「強そうな　角を頭に　乗せた牛」

「より合わせ　マユから作った　糸の文字」

「昔から　人の友だち　けものが犬」

善元さんが「読み札《ふだ》」を読み上げると、子どもたちは漢字の札《ふだ》を見つけては、素早《すばや》い手つきで取り合います。正月などにするカルタと同じ要領《ようりょう》です。

小学校の教員を三十年以上続けてきた善元さんが、いちばん苦労したのは漢字教育だと言います。

「小学校で習う漢字は、一年から六年まで千六字あります。これは二日に一字おぼえないと間に合わないほど多いのです」

はじめのころは、子どもに何回も書かせておぼえこませようとしました。しかし、なかなかおぼえてくれません。そこで、字をそのまま暗記するのではなく、字の形に注目するようになったのです。

現在《げんざい》、世界にある二十八の文字言語の中で、字の形によってその意味が表されるのは、漢字だけです。しかも、くわしく調べてみると、昔の字形のほうが、もともとの意味がわかるものが多いことに気づきました。

昔の字形に立ち返り、今の字がどのようにできたのかを考えながら学習すると、子どもたちはふしぎなくらい漢字をおぼえていったそうです。

「お経《きょう》」も「カルタ」も、遊びの要素《ようそ》を取り入れながら、善元さんたちが考え出した

です。

学習法です。楽しみながらどんどん漢字がおぼえられるのですから、こんなにいいことはないと思いませんか。

「ことばの壁《かべ》」より高い「差別の壁《かべ》」と「偏見《へんけん》の壁《かべ》」

善元《よしもと》さんは一九六九年、教師《きょうし》を目指して東京学芸大学《とうきょうがくげいだいがく》に入学しました。戦後から始まった国民教育にひずみが出始め、「教育ママ」という言葉が話題になった時代でした。善元さんはいつしか、同和《どうわ》問題や障害児《しょうがいじ》、在日朝鮮人《ざいにちちょうせんじん》など、教育の権利《けんり》を奪《うば》われている人びとへの教育をどうすればいいかを考えるようになっていきました。

大学を卒業すると、日本語学級ができたばかりの江戸川《えどがわ》区立葛西《かさい》小学校に赴任《ふにん》しました。そこで、第二次世界大戦が終わる前に中国《ちゅうごく》や韓国《かんこく》で日本人の親と別れ、その後現地《げんち》の人びとに育てられて、大人になってから帰国した残留孤児《ざんりゅうこじ》の二世《せい》（残留孤児《ざんりゅうこじ》の子ども）に日本語を教えるようになりました。

はじめ、善元さんは、日本での子どもたちの最大の壁《かべ》は「ことばの壁《かべ》」にあると考えました。日本語を一生懸命《けんめい》に教え、習得してくれれば、日本の生活に溶《と》けこめると信じていたのです。

しかし、子どもたちには「ことばの壁《かべ》」以上に高い「差別の壁《かべ》」「偏見《へんけん》の壁《かべ》」が存在《そんざい》していました。善元さんはそのことを、一人の少年を通して思い知ることになりました。

教師《きょうし》になって四年目、善元さんは当時八歳《さい》のヨウジン君と出会いました。中国《ちゅうごく》生まれのヨウジン君は、幼《おさな》いころの病気が原因《げんいん》で、右半身が不自由でした。

ある日、ヨウジン君は日記に「せんせ　きの　じゅ　やられれ」と書いてきました。はじめて自分の意志《いし》で日本語の文字をつなぎ、書いた文です。

善元さんは、ヨウジン君の家へ行きました。

大きな石が六つ、テレビの上に置いてありました。ヨウジン君は、きのう「じゅん」君という子に、この石を投げられたと訴《うった》えたかったのです。

ヨウジン君はトイレで給食を食べさせられたこともありました。しかし、ヨウジン君はなぜだまってそんなことに従《したが》ったのか、善元さんはわからずにいました。

ヨウジン君はあるとき、「まけるがかちだとおもいました。いつかはかならずかつとおもいました」と書きました。仕返しの気持ちをまったくもたず、いじめにあう側が、いつかはかならず勝つと信じていたのです。

中学に入り、ヨウジン君は、中学生が障害児《しょうがいじ》をからかいながら、ぶっている場面に遭遇《そうぐう》しました。

「だれもとめません。ぼくはやめろよと言いました。あべこべにぼくがやられました。……ぼくも体が不自由です。ぼくがやりかえさないのは、いじめたその子もさびしいから人をいじめるのだと思いました」と書きました。

ヨウジン君はそのとき殴《なぐ》られたのがもとで、肋骨《ろっこつ》を折って入院しました。想像《そうぞう》できないほどの恐怖感《きょうふかん》があったにちがいありません。にもかかわらず、善元さんにあてた手紙では、「相手もさびしかったのだ」と書いたのです。

ヨウジン君のやさしさに、善元さんは強い衝撃《しょうげき》を受けたと言います。

「媽媽《マアマア》」は「お母さん」ではない

善元《よしもと》さんにはもう一人、思い出深い子がいます。六年生のときに転入してきたチュンシャン君です。

チュンシャン君は日本に引き揚《あ》げてきたあと、半年間はほかの学校にいました。前の学校で毎日のようにいじめられていたというチュンシャン君は、葛西《かさい》小に来た当初、言葉が荒《あ》れていました。なにかにつけて「バカヤロウ」「チッキショウ」を連発する子でした。

そんなチュンシャン君が、三年に一度開かれる学芸会で発表する劇《げき》で、主役を演《えん》じることになりました。

発表するのは、スイス人のイエルク・シュタイナー作の『ぼくはくまのままでいたかったのに』を、善元さんが台本を作って劇《げき》にしたものです。

森の中で楽しく遊んでいたクマが、あるとき冬眠《とうみん》からさめると、森が破壊《はかい》され、人間が工場を作っていました。工場長に「ここは工場だ。工場にはクマはいない」と自分がクマであることを否定《ひてい》され、工場の労働者になります。しかし、人間からは「怠《なま》けもの」と見なされてしまいます。クマは常《つね》に「おまえは人間だ」と言われることに疑問《ぎもん》を感じつつも、ほんとうの自分を見い出せないままに人間の生活を送っています。

善元さんはチュンシャン君に、クマの役を演《えん》じるなかで、自分とはなにかを考え、クマの悩《なや》みの中に、自分の内面にある葛藤《かっとう》を出し切ることで、自己《じこ》を見つめ直してもらいたいと思っていました。

「バカヤロウ」ということばだけが、チュンシャン君が日本で生きるための解決《かいけつ》方法ではないはずだ、と考えたのです。

劇《げき》の中には、自然に目ざめたクマが、やがて人間の工場を追われ、自由と故郷《こきょう》を探《さが》し求めて、破壊《はかい》された森を歩き回る場面があります。

学芸会の一週間くらい前のことです。チュンシャン君が、善元さんに相談があるといってやってきました。そして、劇《げき》の中の「ぼくにはお父さんはいるの――お母さんはいるの。

ぼくの故郷《ふるさと》はどこだ――」というセリフを、中国語で言いたいと言うのです。

「なぜ?」と問う善元さんに、チュンシャン君は「ぼく、やっぱり中国人だからね」と答えました。

学芸会当日、チュンシャン君は善元さんに話したとおり、そのせりふを中国語で言いました。

「媽媽《マアマア》・爸爸《バアバア》・我想回故郷《ウオシャンホイグウシャン》・故郷《グウシャン》――」

涙《なみだ》をこぼしながら、なかば絶叫《ぜっきょう》に近い語りをしたチュンシャン君を見て、善元さんは深く考えました。

チュンシャン君が語った中国語は、日本語の台本とは、けっして同じ意味ではありませんでした。

日本語の台本では「ぼくの故郷《ふるさと》はどこだ――」。

チュンシャン君の中国語のせりふは「ぼくは故郷《ふるさと》に帰りたいんだ――」。

チュンシャン君は、こう言っていたのです。

この劇《げき》の中で唯一《ゆいいつ》の中国語は、日本語に置き換《か》えることはけっしてできません。「マママア・バアバア」も、日本語の「母・父」も、親を指すことばという意味では変わりがありません。しかし、チュンシャン君たちが、みずからの生活の中で培《つちか》ってきた「マママア」の音のもつ意味とリズムは、けっして日本語の「お母さん」でもなければ「お母ちゃん」でもないのです。

中国語は、チュンシャン君たちが無意識《むいしき》のうちに身につけた「地のことば」で、その母語《ぼご》は、彼《かれ》らの一部のごとく機能《きのう》しているにちがいない、と善元さんは気がついたのです。

善元さんは、ことばを「表現《ひょうげん》のための単なる道具」としか考えず、「技術《ぎじゅつ》としての日本語」を教えなくては、と考えていた時期がありました。けれども、子どもが言語を通して表現《ひょうげん》するということは、そんな単純《たんじゅん》なことではないと気づいたのです。

チュンシャン君の「地のことば」に象徴《しょうちょう》されるように、ことばは文化であり、一人ひとりのアイデンティティー（自分の依《よ》って立つ存在《そんざい》の根っこ）の形成にもかかわる重要な問題なのです。

ニューカマーの子どもたちに「バイリンガル教育」

このことに気づいた善元《よしもと》さんは、中国の食べ物であるギョーザを教材に、大きさや材料、調理方法、食べ方のちがいを通して、日本と中国の文化について学ぶなど、まるで現在《げんざい》の「総合的《そうごうてき》な学習の時間」を先取りするような授業《じゅぎょう》をつぎつぎと行いました。その目的は、「ことば」を学ぶことだけではなく、中国から来た子どもたちのアイデンティティーにかかわることを学ばせなければならないと考えたからです。

そうなると、用意されていた日本人向けの教科書だけでは役に立ちません。子どもの反応《はんのう》を見ながら教材を探《さが》し、子どもたちといっしょに授業《じゅぎょう》をつくっていくしかありませんでした。

転任《てんにん》するまでの十四年間に教えた子どもの数は、三百人を超《こ》えます。

祖国《そこく》の暮《く》らしに戸惑《とまど》う父母の就職《しゅうしょく》や、住宅《じゅうたく》の世話にも駆《か》け回りました。

葛西《かさい》小における、中国残留日本人孤児《ちゅうごくざんりゅうにほんじんこじ》の子どもたちへの教育では、パイオニア的存《てきそん》在《ざい》となった善元さん。しかし現在勤務《げんざいきんむ》している大久保《おおくぼ》小学校では、また別の問題と向き合っています。ニューカマーの子どもたちへの教育方法は、まだ確立《かくりつ》されていないのが現状《げんじょう》だというのです。

多くのニューカマーの目的は、経済《けいざい》大国日本でお金をかせぐ、というものです。子どもには関係のない、親の都合によって、母国《ぼこく》を遠く離《はな》れ、友人、食物、風土、文化から遮断《しゃだん》されてしまう。このことが、幼《おさな》い子どもの人格形成《じんかくけいせい》にどのような影響《えいきょう》を及《およ》ぼすのかということを、善元さんはとても気にかけています。

さらに、親子関係の問題もあります。日本の学校で日本語をおぼえることにより、どんどん母国語《ぼこくご》を忘《わす》れていく子どもと、日本語がなかなか話せず、母国語《ぼこくご》を使う親。こうした親子の間の会話は、だんだん成立しにくくなっていく傾向《けいこう》があるそうです。会話がなくなれば、人間関係《かんけい》も希薄《きはく》になります。そして、日本語を話せない親を、子どもはダメな親と見なすようになり、親の存在《そんざい》をかくそうとさえします。そこに、善元さんのジレンマがあります。

かつては日本語を早く習得するには、母国語から隔離《かくり》し、日本語だけの生活に身をおくことが有効《ゆうこう》だと考えられていました。

しかし、現在《げんざい》は、母国語《ぼこくご》をしっかりと理解《りかい》していたほうが、日本語の教育もうまくいくという「バイリンガル（二つの言語）教育」（68ページ参照）という考え方が支持《しじ》されるようになってきました。

大久保《おおくぼ》小学校では、外国をルーツにもつ子どもたちは、週に五時間、日本語国際《こくさい》学級に来て、善元さんたちの授業《じゅぎょう》を受けます。国語の時間、別の部屋で個別《こべつ》に先生に教わる、「取り出し授業《じゅぎょう》」を受ける子もいます。

子どもの思いや心の叫《さけ》びを受け止める

日本に来て新しい文化と出会うことは、子どもたちにとって、どのような意味をもつのでしょうか。

善元《よしもと》さんは、タイから来た十歳《さい》の男の子の作文を見せてくれました。

「きのうぼくは、にほんごでべんきょうしなかった。せんせいが、かなしいかおになった。どうして？　ぼくわるかったです。にほんごができない。おもしろくないです。

…せんせいごめんなさいです。

ぼくは、おおきくなったら、タイにかえるかわかりません」

日本語がなかなかじょうずにならず、将来《しょうらい》、タイに帰れるかどうかさえもわからない不安感が伝わってきます。

みずからが培《つちか》われてきた文化から遮断《しゃだん》されることは、子どもたちにとっては、自分のよりどころが喪失《そうしつ》されてしまうことではないか、と善元さんは考えています。

善元さんが日本語国際《こくさい》学級で授業《じゅぎょう》をするとき、大切にしていることがあります。まず、子どもがみずから考えたことを書く、生活をつづる、ということです。日本語で、自分が書きたいことを書き始めるまで、ものすごく時間がかかる子もいます。でも善元さんは、無理に作文を書かせることはしません。一度書き始めることができれば、書くことによってもうひとりの自分と出会い、文字で表現《ひょうげん》された世界から、今いる現実《げんじつ》の自分を見つめ直すこともできるからです。

また、善元さんは、基本的《きほんてき》には子どもが書いたものには直しを入れません。

中国から引き揚《あ》げてきた子に、日本語学級で教えていたときのことです。「私のお母さん」という題で書かれた文章には、四百字詰《づ》め原稿《げんこう》用紙一枚《まい》に「お母さん」ということばが十回も出てきていました。

内容《ないよう》はよかったのですが、「お母さん」のくり返しが多いので、善元さんは直そうと何回か読み直しました。そこで、その子のお父さんは日本人で、お母さんは中国人であることを思い出しました。

中国人の母親のことが心配で、無意識《むいしき》のうちに「お母さん」とくり返し書いていたのかもしれません。そう考え、赤ペンを握《にぎ》った手を止めました。

そんな子どもの心の叫《さけ》びがこめられているかもしれないことばを、赤で直してしまったら、心の叫《さけ》びまで消してしまいかねないと思ったそうです。

「どんなに短い文章でも、それは作品だから、そこに子どもの思いがあるんです。教《きょう》師《し》が赤を入れると、教師《きょうし》好みの文章を書かせることにもつながります」

善元さんはそう話してくれました。

その子の母語《ぼご》・母語《ぼご》文化を大事にすることも心がけています。善元さんはハングルと中国語に加え、最近はタイ語とフランス語も話せるようになりました。

善元さんは、とくにはじめはその子の母語を使って日本語を教えていきます。その子の語学力に応《おう》じて、日本語をふくめたこれらの言語を使い分けているのです。

日本人がいちばん多く食べる漬《つ》け物「キムチ」とその秘《ひ》密《みつ》

葛西《かさい》小でギョーザの授業《じゅぎょう》をしたように、善元《よしもと》さんは大久保《おおくぼ》小学校で、キムチの食文化を取り上げて日本語を学ぶテキスト「キムチは日本人に何を伝えるか」を作りました。

きっかけは、韓国人《かんこくじん》の母親をもつ、九歳《さい》のロンイイ君が書いた作文でした。

そこには、大好きな韓国《かんこく》をばかにされていじめられ、いやな思いをしたこと、韓国《かんこく》の友だちがいなくてさびしいことが記されていました。しかも、母親に話すと悲しがるからと言って、自分の胸《むね》の中にしまいこんでいたのです。

善元さんは韓国《かんこく》のよいものを伝えようと、キムチに目をつけました。「日本人がいちばん多く食べる漬《つ》け物はキムチ」という新聞記事を読んで驚《おどろ》き、子どもたちにとっても身近な題材になると考えたのです。このテキストは、やさしい文章で書いてありますが、大人が読んでもとてもおもしろい内容《ないよう》です。

キムチは、一九八八年のソウルオリンピックで、選手村の食事の公式メニューに認定《にんてい》され、世界に広がっていきました。

おいしいのはもちろんですが、栄養面《えいようめん》から見てもすぐれた健康食品です。体の中にある悪い菌《きん》をやっつけ、腸《ちょう》の調子をよくする乳酸菌《にゅうさんきん》が、日本のたくあんの約四千倍もふくまれています。

唐辛子《とうがらし》の中にはカプサイシンが入っていて、体の血行をよくし、食欲《しょくよく》を増進《ぞうしん》させます。

アスパラギン酸《さん》、ニコチン酸《さん》、タウリンなどもふくまれていて、疲労回復《ひろうかいふく》に役立ち、体を正常《せいじょう》にするはたらきもあります。

日本人はなぜキムチが好きになったのかを考えたり、最近の韓国《かんこく》の子どもはファストフードの味に慣《な》れ、キムチを食べなくなったことなどにふれながら、授業《じゅぎょう》はキムチの歴史へと進んでいきました。

そこで、子どもたちはある事実を知ることになりました。

じつは韓国《かんこく》のキムチには、もともと、唐辛子《とうがらし》は入っていませんでした。唐辛子《とうがらし》は南米のペルーが原産地です。ペルーから中国《ちゅうごく》にもたらされた唐辛子《とうがらし》が日本に入り、一六世紀に朝鮮《ちょうせん》半島に伝わったのです。

韓国《かんこく》の食文化を代表する現在《げんざい》のキムチの味に、日本が一役買っていることを知った子どもたちは、みな目を輝《かがや》かせて驚《おどろ》きました。

ものや人が出会うと、生活や文化が変わります。そして、異《こと》なる文化が出会うと、新しい文化が生まれます。子どもたちは、そのすばらしさにも気づいたのです。

キムチの歴史に、日本人の父親と韓国人《かんこくじん》の母親から生まれた自分を重ねたロンイイ君は、両方の文化を受け入れて生きていくことを決めました。

「ぼくは、かんにほんじん（韓日本人）です」と書き、笑顔を見せるようになりました。二つの文化を受けつぐ子ども。それは、「ハーフ」ではなく「ダブル」の存在《そんざい》なのです。

学ぶとは、どういうことだろうか？

子どもとつくりあげていく双方向《そうほうこう》の授業《じゅぎょう》を進めてきた善元《よしもと》さんは、小・中学校では二〇〇二年度からスタートした「総合的《そうごうてき》な学習の時間」（以下「総合《そうごう》学習」）を、「静かな授業革命《じゅぎょうかくめい》」とよびます。

先生が子どもたちへ一方的に教えるスタイルから、子どもたちがみずから学ぶというスタイルへの学習転換《てんかん》が行われ、子どもが学習の中心になると期待したのです。

しかし、教科書もない新しいタイプの授業《じゅぎょう》の内容《ないよう》は、それぞれの教育現場《げんば》に任《まか》されています。それだけに、どんな授業《じゅぎょう》になるかも、その成果も、一様とはいえません。

創造的《そうぞうてき》な授業《じゅぎょう》を通して、みずから課題《かだい》を見つけ、解決《かいけつ》する力を身につける子どもたちもいます。授業《じゅぎょう》は、子どもと教師《きょうし》がつくる、一回きりの物語なのです。

しかしその一方で、数値《すうち》には表れにくいそうした力に疑問《ぎもん》をもつ、研究者や保護者《ほごしゃ》たちからは、「ただ子どもを遊ばせているだけ」との声もあがりました。

さらに、学習内容《ないよう》をそれ以前の内容《ないよう》から三割削減《わりさくげん》した「ゆとり教育」が学力低下を招《まね》いたとする批判《ひはん》を受け、小学校では二〇一一年度、中学校では二〇一二年度から全面実施《じっし》される新しい学習指導要領《しどうようりょう》では、総合《そうごう》学習の授業《じゅぎょう》時間数が削減《さくげん》されることになりました。

こうした流れに対して、善元さんは、「今こそ総合《そうごう》学習がおもしろい」と訴《うった》えています。こうした教育を受ける側である、みなさん自身の意見はどんなものでしょうか。

大切なのは学ぶプロセス

小学校の先生の中でも数少ない、日本語を教える専門家《せんもんか》である善元《よしもと》さんが、総合《そうごう》学習を大事にしていることは、さきほどもお話ししました。いったいどんな総合学習《そうごうがくしゅう》の授《じゅ》業《ぎょう》をしているのでしょうか。

善元さんが総合《そうごう》学習で大事にしているのは、「感覚」だと言います。

かつて小学四年生の授業《じゅぎょう》で、水道水の「きき水」に取り組んだこともありました。まず三校時が終わると給食室の前へ行き、そのにおいから食材を当てました。はじめは三種類くらいしか当たりませんでしたが、そのうち十種類くらいまでわかるようになりました。鍛《きた》えれば人間の嗅覚《きゅうかく》は鋭《するど》さを増《ま》すのだと、みな驚《おどろ》いたそうです。

次に取り組んだのは、善元さんが住んでいる新宿《しんじゅく》区の水道水と、子どもたちが住む荒川《あらかわ》区の水道水との飲み比《くら》べです。

意外な結果でしたが、クラスのほぼ全員が判別《はんべつ》できました。当時、荒川《あらかわ》区の水のほうがにおいが強かったのです。

水にもにおいや味があることを知った子どもたちからは、「なぜだろう?」という声が上がりました。じつは善元さんは、こう聞かれるのを待っていたのです。

善元さんは地図を出して、子どもたちと水道水の経路《けいろ》を調べていきました。荒川区《あらかわ》の水道水は、全長三百二十二キロメートルの利根川《とね》の下流の水です。一方、新宿区《しんじゅく》の水道水は、利根川《とね》と多摩川《たま》のブレンドで、その多摩川《たま》は二百キロメートルにも満たない長さです。

さらに調べていくと、当時、荒川《あらかわ》の水には金町浄水場《かなまちじょうすいじょう》で、殺菌《さっきん》のための塩素《えんそ》が、新《しん》宿《じゅく》の水よりも多く入れられることがわかりました。

授業《じゅぎょう》のしめくくりは、全国の川のきき水をすることにしました。五月の連休明け、事前に渡《わた》したびんに、出かけた先の川の水を入れてきた子どもたちが、わくわくした表《ひょう》情《じょう》で登校してきました。

教室には、新聞記事でも紹介《しょうかい》された、きき水師《し》を招《まね》いていました。

じつは、前日に、プラスチックの器ではにおいがついてしまうかもしれないと思い、牛乳《ぎゅうにゅう》びんに入れかえていました。

子どもたちは何度も何度も牛乳《ぎゅうにゅう》びんを洗《あら》っていたのですが、当日、全国の川の水を入れたびんに鼻を近づけると、なんと牛乳《ぎゅうにゅう》のにおいがしました。実験は大失敗です。そのとき、一人の子が「においってすげー」と感嘆《かんたん》の声を上げました。その声は、つぎつぎと広がり、どの子もみんな笑顔になりました。「においはすごい」。子どもたちにその後一生残る感覚です。

「子どもたちがおもしろがったのは、感覚ということばにはならないもの。大切なのはゴールではなく、プロセスなのです」

善元さんは総合《そうごう》学習の「極意《ごくい》」をそう明かします。

子どもとともに出会い、学び子どもの人間形成にかかわりたい

二〇〇八年に大ニュースとなった、中国産冷凍《ちゅうごくさんれいとう》ギョーザ中毒事件《ちゅうどくじけん》も、善元《よしもと》さんにとっては格好《かっこう》の教材となりました。

千葉《ちば》、兵庫《ひょうご》両県の三家族十人が中毒症状《ちゅうどくしょうじょう》となり、検出《けんしゅつ》された有機《ゆうき》リン系殺虫剤《けいさっちゅうざい》メタ

ミドホスがどこで混入《こんにゅう》されたかがいちばんのポイントでした。両国政府《せいふ》ともに、国内での混入《こんにゅう》はありえないと主張《しゅちょう》し、一時、日中関係は険悪《けんあく》になりました。

日本語国際《こくさい》学級で新聞記事を読み合った、中国と台湾《たいわん》から来た六年生の三人は、

「中国は輸出《ゆしゅつ》をするのにきびしいから」

「日本は自分の悪いことを報道《ほうどう》しないから」

と、はじめは日本人犯人説《はんにんせつ》を支持《しじ》しました。

その後、中国側が、袋《ふくろ》を開封《かいふう》しなくても毒物《どくぶつ》の混入《こんにゅう》はありえると、浸透圧《しんとうあつ》作用を主《しゅ》張《ちょう》すると、すぐに浸透圧《しんとうあつ》の実験にも取り組みました。

事件《じけん》を国と国との関係で見ていた子どもたちはやがて、ギョーザを食べて入院した五歳《さい》の子どもがかわいそうだと、思いを深めていきました。

すると、学習課題は進化し、「犯人《はんにん》がなぜギョーザに毒《どく》を入れたのかをみんなで考え、日中関係をよくしたい」との結論《けつろん》に達しました。

浸透圧《しんとうあつ》実験の結果をめぐって日中の見解《けんかい》が対立し、捜査《そうさ》は暗礁《あんしょう》に乗り上げました。

子どもたちは「自分の考えを大人に伝えたい」と善元さんに訴《うった》え、三人でいっしょに手紙を書くことになりました。

「この事件《じけん》は、もうすぐオリンピックがあるから幕引《まくひ》きをすると思います。中国と日本の国にとってはいいかもしれません。俺《おれ》たち日本にいる中国人がいちばん心苦しいです。最後まで調査《ちょうさ》したほうがいいと思います。最後まで検査《けんさ》をしたら僕《ぼく》たちも安心して中国の冷凍《れいとう》食品を食べることができます。

僕《ぼく》たちは、セロハン、ビニールなど色々な袋《ふくろ》を使って食塩の実験をしてみました。中国の餃子《ぎょうざ》の袋《ふくろ》にメタミドホスがどう入るのかはわかりませんでした。だから中国人と日本人が一緒《いっしょ》に実験してみてください。お願いします。

今中国と日本がけんかをしないで、情報《じょうほう》をこうかんしあってください。未来のため、将来《しょうらい》のため、早くこの事件《じけん》を解決《かいけつ》してください。僕《ぼく》たちはなかよくしたいのです」(要約)

善元さんは手紙を、当時の福田康夫《ふくだやすお》総理大臣《そうりだいじん》と国内の関係省庁《しょうちょう》、中国の胡錦濤《こきんとう》国家主席《しゅせき》にも送りました。

「さすがのぼくも、ドキドキしながら送ったんですよ」

善元さんはそう言いました。

しばらくすると、福田総理《ふくだそうり》、舛添要一厚生労働大臣《ますぞえよういちこうせいろうどうだいじん》などから手紙が来ました。

「総合学習《そうごう》のよさはなによりもまず、今現実《げんじつ》に起きていることを読み解《と》けるおもしろさにあります」と、善元さんは力をこめます。

「子どもの学びが、教師《きょうし》を変えていきます。日本語を教える教師《きょうし》である前に、子どもの成長期に、子どもとともに出会い、そこから学び、そして子どもの人間形成にかかわる教師《きょうし》でいたいんです」

日中関係の友好を願う三人の手紙とともに、善元さんのその言葉が、胸《むね》に深く響《ひび》きました。

自分の言葉は自分で選びたい

手話で学ぶ小学校

しなやかな手の動きと、豊《ゆた》かな表情《ひょうじょう》。なによりも、いきいきと輝《かがや》く目の美しさ。思わず、見とれてしまいました——。

手話《しゅわ》を使う人たちの学校は、音がなく、静かな世界だと想像《そうぞう》していました。

実際《じっさい》には、まったくちがうことがわかりました。

先生に指名してもらおうと、子どもたちは、ばんばんと机《つくえ》をたたいたり、ばたばたと足を踏《ふ》み鳴らしたりしています。

「答えがわかったよ！　ぼくを当てて！」

「わたしに発表させて！」

耳からではなく頭の奥《おく》のほうから、そんな元気な声が、たしかに聞こえてきたように感じました。

日本初　手話《しゅわ》ですべての授業《じゅぎょう》をする学校

ここは、東京《とうきょう》・品川《しながわ》区にある私立《しりつ》「明晴《めいせい》学園」。日本ではじめての、手話《しゅわ》だけで授業《じゅぎょう》を行う学校です。

「日本ではじめて？　耳の聞こえない子はみんな、手話で話したり、勉強したりしてるんじゃないの？」と思った人も多いと思います。

それについてはあとでくわしくふれますが、まず、耳が聞こえず手話を使う子どもたち、「ろう児」が学ぶ、小学部（小学校）を見学してみましょう。

校長先生の斉藤道雄《さいとうみちお》さんが案内してくれました。ちなみに斉藤さんは、耳が聞こえる「聴者《ちょうしゃ》」です。耳が聞こえず手話を使う人のことは「ろう者」とよびます。

明晴学園は、品川《しながわ》区立の旧《きゅう》小学校の校舎《こうしゃ》を借り、一部を改造《かいぞう》して使っています。

たとえば、教室は、廊下《ろうか》との壁《かべ》を取りはらい、オープンスペースになっています（4ページ参照）。子どもたちは手話で会話をするため、壁《かべ》があると視界《しかい》をさえぎってしまうことがあるのです。

洗面《せんめん》場のステンレス。「うちの学校のは汚《よご》れているな」という人もいるでしょう。でも、明晴学園では、いつもぴかぴかに磨《みが》かれています。じつはこれも、鏡のように手話を映《うつ》して会話ができるようにするためなのです。

みなさんの学校の教室にはスピーカーがあって、チャイムや校内放送が流れますね。

しかし、明晴学園では、ライトも設置《せっち》されています（4ページ参照）。

「緑に光ると、『授業《じゅぎょう》が終わりだよ』という合図。黄色は、『先生、職員室《しょくいんしつ》に来てください』。赤く点滅《てんめつ》すると、『校庭へ逃《に》げろ！』という災害報知器《さいがいほうちき》の役割《やくわり》を果たします」と斉藤さんが説明してくれました。

手話《しゅわ》が見やすいようくふうされた教室

二〇〇八年に開校した明晴《めいせい》学園には、三歳《さい》から五歳《さい》までの子が通う幼稚部《ようちぶ》と、小学部があります。小学部は、全部で二十一名。一・二年と三・四年で一クラスずつの「複式《ふくしき》学級」とよばれるスタイルをとっています。五年生は一クラスで、六年生はまだいません（二〇〇八年度）。

静岡《しずおか》県から、新幹線《しんかんせん》に乗り、二時間もかけて通ってくる子もいます。「開校前、北海道《ほっかいどう》や広島《ひろしま》県からも問い合わせがありました。寄宿舎《きしゅくしゃ》があれば対応《たいおう》できるのですが、その予算がなく、お断《ことわ》りするしかありませんでした」

斉藤《さいとう》さんは、顔を曇《くも》らせました。

教室をのぞいてみました。ちょうど、小学三・四年の社会科の時間が始まったところです。

机《つくえ》は、先生を囲むように半円形に配置されています。これなら、どこに座《すわ》っても先生の手話《しゅわ》がはっきり見られます（4ページ参照）。

先生のうしろにあるのは、黒板ではなくホワイトボードです。パソコンの画像《がぞう》を映《うつ》し出すこともできます。よく見ると、下のほうにもう一枚《まい》、ホワイトボードがあります。下の一枚《まい》は、休み時間にも子どもたちが日本語を書いて勉強したりしやすいように設置《せっち》しているのです。

授業《じゅぎょう》では、学校のまわりにあるお店について、勉強しています。先生が、お店の絵を

描《か》いた紙を見せています。子どもたちは、

「花屋、八百屋《やおや》、魚屋、肉屋、スーパーマーケット……」

と、いろいろな店をつぎつぎに発表していきます。発言したくて、伸《の》び上がるように手をあげている子もいます。

指で形を作りながら、ぐるぐる回している子が目につきました。

斉藤《さいとう》さんが、同じ指の形をして説明してくれました。

「これが二で、これが四。なんだかわかりますか？　正解《せいかい》はコンビニですよ」

二と四を回して「二十四時間営業《えいぎょう》」。だからコンビニエンスストアなのです。なるほどなぁ、と思いました。

この章のはじめでも書いたように、机《つくえ》をたたいたり、床《ゆか》を踏《ふ》み鳴らしたりする子どもたち。こんな疑問《ぎもん》がわきました。聞こえないのだから、あまり有効《ゆうこう》とはいえないのではないでしょうか。

斉藤さんに質問《しつもん》してみると、こう話してくれました。

「子どもたちの親のほとんどは聴者《ちょうしゃ》ですから、家庭では音を出して注意をよびかけているのでしょう。それに、聞こえない人は、よく振動《しんどう》で注意をうながします。視覚《しかく》から得《え》る情報量《じょうほうりょう》が多いだけでなく、振動《しんどう》にも敏感《びんかん》なのですよ」

なるほど、「音」を出しているというよりは、「振動《しんどう》」を出しているのですね。

「日本手話《しゅわ》」と「日本語対応手話《たいおうしゅわ》」

ここで手話《しゅわ》について、少し説明しておきたいと思います。みなさんは、手話を見たことがありますか？　おおまかに分けると、手話には二つの種類（言語）があるのです。

「へぇー、二種類あるの？　知らなかった」とびっくりする人がいそうです。

明晴学園《めいせいがくえん》で使われているのは、「日本手話」とよばれる手話です。

日本手話は、日本のろう者が昔から使ってきた自然言語です。自然言語であるため、日本手話の使われている環境《かんきょう》にいれば、子どもは自然に日本手話を身につけることができます。手だけでなく、顔の表情《ひょうじょう》も使い、抽象的《ちゅうしょうてき》な表現《ひょうげん》もできます。日本語とは異《こと》なる文法構造《ぶんぽうこうぞう》をもっていて、日本語のかわりではない、独立《どくりつ》した一つの言語です。

もう一つは、「日本語対応《たいおう》手話」です。こちらは、日本語の語順に、手話の単語を当てはめたものです。主に、病気や事故《じこ》などで聴力《ちょうりょく》を失った、中途失聴者《ちゅうとしっちょうしゃ》のコミュニケーション手段《しゅだん》として使われます。多くのろう学校でも、補助的《ほじょてき》に使われています。

ちなみに、テレビの政見《せいけん》放送などで見かける手話、手話サークルなどで教えている手話、「手話ソング」などといって、歌の歌詞《かし》に「手話」の手の動きをつけたものもあります。それらはほとんど、聞こえない人の母語《ぼご》ではない、「日本語対応《たいおう》手話」なのです。

日本のろう学校では禁止《きんし》されてきた手話《しゅわ》

この章のはじめに、「耳の聞こえない子は、手話《しゅわ》で勉強してるんじゃないの?」という疑問《ぎもん》を取り上げました。それについてお話ししましょう。

じつは、日本のろう学校では、第二次世界大戦前から、手話を使うことを禁止《きんし》してきました。

一九三三年、当時の文部大臣《もんぶだいじん》（現在《げんざい》の文部科学大臣《もんぶかがくだいじん》）が、ろう学校では「聴覚口話法《ちょうかくこうわほう》（以下、口話法《こうわほう》）」を使うようにと訓示《くんじ》を出したからです。

今でも、日本手話で授業《じゅぎょう》をしている公立のろう学校は、ほとんどありません。

それでは、なぜろう学校では、手話が禁止《きんし》されてきたのでしょうか。じつは、手話を使うと、日本語を獲得《かくとく》する妨《さまた》げになると信じられてきたからなのです。

口話法は、補聴器《ほちょうき》を使い、わずかな聴覚《ちょうかく》と相手の口の動きを頼《たよ》りに、発声と聞き取りの訓練《くんれん》をくり返して身につけます。

考えてもみてください。聞こえない耳で聞き取り、聞こえない音を発音しなくてはならないのです。発声がちがうと、先生から口の形や舌《した》の位置を何度も何度も直されます。口話法を経験《けいけん》した人たちに聞くと「つらいトレーニングで、思い出したくもない」という声をたくさん聞きます。

こうしたきびしい授業《じゅぎょう》にもかかわらず、実際《じっさい》にじょうずに日本語を話したり、聞いたりできるようになるのは、ほんのひと握《にぎ》りの人たちだけでした。

そもそも、耳が聞こえない人が、なぜつらい口話法を身につけて、日本語を話さないといけないのでしょうか。

「手話は言語ではない」。学者たちの間では、長い間、そんな考え方が圧倒的《あっとうてき》だったことも一つの理由です。

しかし、そうした考え方が生まれる背景《はいけい》には、聞こえない人たちを、自分たちよりも低く見る傲慢《ごうまん》な思いがあるように、わたしには感じられます。

みなさんも想像《そうぞう》してみてください。もし学校で、授業《じゅぎょう》中や、友だちとおしゃべりする際《さい》、日本語を使うことを禁《きん》じられたら……。そんなようすを想像《そうぞう》してみると、口話法で教育を受けてきた人の多くが味わってきたつらさが、リアルに感じられるのではないでしょうか。

自分たちで学校をつくろう！

明晴学園《めいせい》の前身となったのは、こうした口話法《こうわほう》による教育に疑問《ぎもん》をもった親たちが中心になってつくった、フリースクール「龍の子学園《たつのこ》」でした。

フリースクールは、行政《ぎょうせい》などから規制《きせい》を受けずに自由な学習ができる反面、正式な学校とは認《みと》められていないため、卒業資格《しかく》を得られないなどのデメリットもあります。こうした不利を解決《かいけつ》するためには、自分たちで、国から認可《にんか》された学校をつくるしかありませんでした。

学校設立《せつりつ》の追い風となったのは、国の「構造改革特区《こうぞうかいかく》」制度《せいど》でした。この制度《せいど》を活用した学校として、この本でも、不登校の生徒を対象にした「東京《とうきょう》シューレ葛飾《かつしか》中学校」（71ページ）や、インターネットを利用した「美川《みかわ》特区アットマーク国際《こくさい》高校」（126ページ）を紹介《しょうかい》しています。

一方で、ろう児をもつ親たちの中には、行政《ぎょうせい》を動かすにはトップに働きかけるのが得《とく》策《さく》と考えた人たちもいました。二〇〇四年、「都知事と語る会」に参加したろう児の親が東京《とうきょう》都知事に、手話《しゅわ》を使った学校の必要性《ひつようせい》を訴《うった》えたこともありました。さらに、活動に理解《りかい》を示《しめ》してくれた議員《ぎいん》が国会質問《しつもん》で取り上げてくれたこともあり、二〇〇七年、国から設置認可《せっちにんか》が下りることとなりました。

そして、品川《しながわ》区から、統合《とうごう》になって空いた小学校の校舎《こうしゃ》と敷地《しきち》を借りることもできました。こうして、二〇〇八年四月九日、明晴学園はスタートを切ったのです。日本のろう教育にとっては、記念すべき日といえるでしょう。

学校生活すべてを日本手話《しゅわ》で思う存分《ぞんぶん》手話が使える

明晴《めいせい》学園のカリキュラムには、音楽と国語の時間はありません。音楽はともかく、なぜ国語がないのでしょうか。

国語という教科は「話す」「聞く」「読む」「書く」という四つの要素《ようそ》から成り立って

います。明晴学園の子どもたちは、日本語で「話す」「聞く」をしません。そこで「国語」のかわりに、「読む」「書く」だけを学ぶ「日本語」の時間があります。また、「日本語」とは別に、「手話」の時間があります。

子どもたちを教えるのは、日本手話を母語《ぼご》とするろう者の教員四人と、日本手話に堪能《たんのう》な聴者《ちょうしゃ》の教員四人です。このほか、ろう者のスタッフ八人を、授業《じゅぎょう》をサポートするために配置しています。

明晴学園には、ろう学校で口話法《こうわほう》の教育を受けてから、転校してきた子もいます。ろう学校でつらい体験もしてきたのでしょう、はじめ、その子は心を閉《と》ざし、どんなことにも反応《はんのう》しませんでした。しかし、日本手話を自由に使って友だちと学び、遊べる学校生活を送るうち、笑顔が出るようになったそうです。

すべての授業《じゅぎょう》と学校行事、職員《しょくいん》会議も、保護者《ほごしゃ》との相談も、日本手話を使います。学習も学校生活も、すべて日本手話でできる、このような環境《かんきょう》が整っているからこそ、子どもたちは安心して、のびのびと学校生活を送ることができるのです。

思う存分《ぞんぶん》手話が使える居場所《いばしょ》を得て、明晴学園で学ぶ子どもたちは、おおいにはしゃぎ回っているように、斉藤《さいとう》さんの目には映《うつ》ります。

明晴学園では、親どうしも交流しながら日本手話のレベルを上げていき、子どもともストレスなく会話できるようになってきました。

明晴学園には幼稚部《ようちぶ》（幼稚園《ようちえん》）もあります。日本手話の環境《かんきょう》が必要な0歳児《ぜロさいじ》からの乳《にゅう》児《じ》とその保護者《ほごしゃ》向けに、定期的に乳児《にゅうじ》クラスも開いています。また、聞こえない子をもつ保護者《ほごしゃ》の子育てや教育の相談にも乗っています。

「自分一人だけ手話《しゅわ》ができない」キャンパスを取材した経験《けいけん》から

ところで、聴者《ちょうしゃ》の斉藤《さいとう》さんはなぜ、明晴《めいせい》学園の校長を務《つと》めているのでしょう。

斉藤さんはもともと、テレビ局で記者をしていました。一九九三年、アメリカのワシントンで特派員《とくはいん》をしていたときに、ろう文化（68ページ参照）と出会いました。

明晴学園《めいせい》の開校式のようす（54ページ参照）。

手話なら、走りながらでも楽に話せます。

ワシントン市内にある、ギャローデット大学という国立大学は、世界ではじめてで唯《ゆい》一《いつ》の、耳の聞こえない人のための文化系総合大学《ぶんかけいそうごう》だと聞き、興味《きょうみ》をもった斉藤さん。さっそく、手話通訳者《しゅわつうやくしゃ》といっしょに、キャンパスを見学に出かけました。

大学に足を踏《ふ》み入れたとたん、そこは別世界でした。アメリカだけでなく、日本やヨーロッパから集まった二千数百人の学生、そして教官もほとんどがろう者です。まるで無《む》声映画《せいえいが》を見ているかのようだったと、斉藤さんは『もうひとつの手話』という著書《ちょしょ》に書いています。

だれもが手話で話しているキャンパスで、斉藤さんはあいさつされても返すことさえできません。「自分一人だけが手話ができないんだ」

斉藤さんは、自分が障害者《しょうがいしゃ》になったような気分を味わいました。その体験があまりにも強烈《きょうれつ》で、手話を習い始めました。その後、日本のろう学校では手話を禁止《きんし》していると聞き、大きな疑問《ぎもん》がわきました。それがきっかけで、ろうの世界を取材するようになりました。

ろう者の日常《にちじょう》を描《えが》く報道《ほうどう》番組をつくったり、本を執筆《しっぴつ》したりしました。会社を退職《たいしょく》したあと、ろう者のための学校を設立《せつりつ》しようという運動を応援《おうえん》していましたが、ろう者の人たちから、新しく生まれる明晴学園の学校長を引き受けてほしいと頼《たの》まれました。

「でも、いずれ、この学校の校長は、ろう者がやるべきだとぼくは考えています」

手話《しゅわ》で教育を！要望書を提出《ていしゅつ》

さきほどもお話ししたように、日本のろう学校では、手話《しゅわ》は使われてきませんでした。

「若者《わかもの》たちに話を聞くと、十年間も口話法《こうわほう》を押《お》しつけられたろう学校に対して、ものすごくいやな場所という感情《かんじょう》を抱《いだ》いている子がほとんどなのです。楽しいはずの学校時代を、手話という言葉を奪《うば》われたまま過《す》ごさなければならなかったのは、大きな人権《じんけん》問題だと考え、ろう児の親たちが中心になって、弁護士《べんごし》に相談したのです」

斉藤《さいとう》さんは、そうふり返ります。そして二〇〇五年、「手話を使ったろう教育を認《みと》めてほしい」という要望を、「手話教育の充実《じゅうじつ》を求める意見書」として、日本弁護士連合《にほんべんごしれんごう》会《かい》（日弁連《にちべんれん》）が文部科学省《もんぶかがくしょう》に提出《ていしゅつ》しました。

「国は、手話が言語であることを認《みと》め、聴覚障害者《ちょうかくしょうがいしゃ》が自ら選択《せんたく》する言語を用いて表現《ひょうげん》する権利《けんり》を保障《ほしょう》すべきである」「ろう学校に手話のできる教員を積極的に採用《さいよう》するなどして、手話による教育が可能《かのう》となるような環境《かんきょう》を整備《せいび》するべきである」「ろう学校は、幼稚部《ようちぶ》、小学部から手話を積極的に活用して子どもの言語能力《のうりょく》の取得《しゅとく》向上を図るべきである」などの要望がまとめられました。

ろう者を主人公にしたテレビドラマで手話が使われたり、手話を授業《じゅぎょう》の中に取り入れたりしている一般《いっぱん》の学校もあるというのに、いまだに手話が言語として認《みと》められていない。その事実に驚《おどろ》きます。

このことはすなわち、ろう文化を認《みと》めていないということにもつながります。

「かつては手話を、『手まね』『猿《さる》まね』などといって、見下す人もいました。しかし、もう二十年も前に、手話は言語であるということが、学問的にも確立《かくりつ》されているのです」

と斉藤さんは話します。

外国語を母語《ぼご》とする子どもたちに日本語を教えている善元幸夫《よしもとゆきお》先生の章でもふれましたが、母語《ぼご》（日本のろう者の場合「日本手話」）がしっかりしている子ほど、第二言語（日本のろう者の場合「日本語」）の上達が早いというのは、多くの学者によって支持《しじ》されている〝事実〟です。

ろう児が日本手話《しゅわ》と日本語を結びつける難《むずか》しさ

ろう児が日本語を学ぶ難《むずか》しさについて、少し考えてみましょう。

聴者《ちょうしゃ》の場合、耳から入ってくる言葉を、書き言葉としての日本語と結びつける作業を自然としています。

一方、聞こえないろう児にはそういう作業がなく、母語《ぼご》である手話《しゅわ》と、手話とは別の文法構造《ぶんぽうこうぞう》をもつ日本語とを結びつけなければなりません。

たとえば、はじめて英語に出会う、中学一年の英語の時間を思いうかべてください。最初は、日本語と文法構造《ぶんぽうこうぞう》がちがう英語を、丸暗記しておぼえますね。聞こえない子は、日本語を丸暗記しておぼえる作業が、小学一年から始まるわけなのです。

ろう児がまちがえやすい日本語の文法に、自動詞《じどうし》と他動詞《たどうし》があります。たとえば、「消しゴムを落とす」（他動詞《たどうし》）と「消しゴムが落ちる」（自動詞《じどうし》）。手話ではちがいがわかりますが、文字を読んだだけではちがいがわかりにくいそうです。

動詞《どうし》の反対語《はんたいご》も苦手です。「押《お》す」の反対語《はんたいご》は「引く」「引っぱる」ですが、ろう児たちは「押《お》さない」という否定語《ひていご》になる場合が多いのだそうです。

「追いかけられる」のような、受け身の表現《ひょうげん》や、「飲む」「飲んだ」「飲みました」「飲みながら」などの、動詞《どうし》の活用も苦手です。

また、一行の文章を、二つに切って読み取るくせがあるそうです。

「時計は、白いテーブルの上にあります」という文は、聴者《ちょうしゃ》ならば、「白いテーブルの上に時計が置いてある」と読み取ります。

しかし、ろう児は、「時計は白い」で切り、さらに「テーブルの上にあります」と読み取りがちです。「白い時計がテーブルの上に置いてある」イメージです。日本手話と日本語という、まったくちがう言語を身につけなければならないことの苦労がわかってもらえるのではないかと思います。

手話《しゅわ》を使う？　人工内耳《じんこうないじ》？　本人の適性《てきせい》を考えて

手話《しゅわ》は世界共通ではなく、各国でちがいます。日本の手話は、アメリカ手話とはまったくちがうものです。

しかし斉藤《さいとう》さんは、「ろう者は視覚的《しかくてき》な認知《にんち》の能力《のうりょく》が高いので、外国に行っても、三日もすれば、その地の手話で会話をしている可能性《かのうせい》が高いですよ」と話します。

日本手話という言葉がなかなか通じないという条件《じょうけん》は、日本にいても、外国に行ってもいっしょです。ふだん駆使《くし》している、どうやったら通じるかをひねり出す能力《のうりょく》をうまく発揮《はっき》すれば、日本手話と、ちがった国の手話とをすり合わせるのも簡単《かんたん》なのではないかと、斉藤さんは考えているそうです。

「手話を話したい」という人格《じんかく》を無視《むし》した、口話法《こうわほう》中心のこれまでの教育への反省から、明晴学園《めいせい》では子どもの自立性《じりつせい》・自主性《じしゅせい》を尊重《そんちょう》しています。

「自分で考え、自分で発信し、自分で行動する。そんな人間になってほしいですね」

と斉藤さんは話します。

耳の中に埋《う》めこみ、聴力《ちょうりょく》を補《おぎな》う、「人工内耳《じんこうないじ》」というものがあります。内耳《ないじ》というのは、耳のいちばん奥《おく》にある部分のことです。

内耳《ないじ》にある「蝸牛《かぎゅう》」とよばれる部分に、細い電極を手術《しゅじゅつ》で植えこみます。そして、耳にかけたマイクから音を拾《ひろ》い、スピーチプロセッサという機器で音を電気信号に変え、無線で人工内耳《じんこうないじ》に音を送るわけです。「うまくいかないことも多いし、結局、やはり手話を使うというケースも多いようです」と斉藤さんは話します。

子どもが聞こえないことに気づくと、親はパニックになります。「この子の将来《しょうらい》はどうなるんだろう」と思いつめて、専門医《せんもんい》を受診《じゅしん》します。

「そうした親に、医者が『手話という選択肢《せんたくし》もありますよ』と言ってくれたらいいのですが。それに、手話で生きていくか、人工内耳《じんこうないじ》を選ぶかの大切な選択《せんたく》は、親の希望で決めるのではなく、やはり当事者本人の適性《てきせい》を考えてすべきです」

手話《しゅわ》のもつ言語としての輝《かがや》きに

明晴《めいせい》学園は二〇一〇年に、中学部をつくることを目指しています。

「この学校で、日本手話《にほんしゅわ》がじょうずに話せないのはぼくだけ。『あの年とったおじさん、言葉が話せなくてかわいそうだねえ』なんて、子どもたちは陰口《かげぐち》をたたいているのかもしれないなあ」

そう言って、斉藤《さいとう》さんは、やさしい笑みをうかべました。

ろう者は、「日本手話」という言語をもち、「ろう文化」の中で豊《ゆた》かに生きています。「ろう文化」と「聴文化《ちょう》」との間に、優劣《ゆうれつ》はありません。聴者《ちょうしゃ》とはちがう文化をもっているのだと、尊重《そんちょう》することが大切です。

大切なことをたくさん、斉藤さんから教わりました。

帰り際《ぎわ》、斉藤さんが口にした「手話がもっている言語としての輝《かがや》き」という言葉に、わたしははっとしました。

明晴学園の校舎《こうしゃ》に入ったとき、子どもたちをまぶしく感じたのは、きらきらと輝《かがや》くその瞳《ひとみ》のせいばかりではなく、手の動きの美しさ、すなわち言語としての美しさに、心を打たれたからかもしれません。

コラム

「バイリンガル・バイカルチュラル教育とは?」

「ろう文化」と「聴《ちょう》文化」

明晴《めいせい》学園の教育理念の基本《きほん》となっているのは、「バイリンガル・バイカルチュラル教育」という考え方です。

まず、「バイリンガル」とは、「二つの言語」という意味です。ここでいう「二つの言語」とは、「日本手話《しゅわ》」と「日本語」のことを指します。

日本手話を第一言語（母語《ぼご》）として獲得《かくとく》したろうの子は、次に第二言語として、日本語の読み書きを学習します。これが、日本手話と日本語（読み書き）の二つの言語を身につける、バイリンガル教育とよばれるものです。

「バイカルチュラル」とは、「二つの文化」という意味です。

ろう児は、日本手話を身につける過程《かてい》で、ろう者独自《どくじ》の文化である「ろう文化」を身につけます。日本に暮《く》らす人たちの間に「日本文化」があるように、日本手話を話すろう者たちの間にも「ろう文化」があります。ろう文化は、一人ひとりのろう児が、ろうであることに誇《ほこ》りをもつうえで、なくてはならないものです。

一方で、ろう児は、社会で多数を占《し》める聴者《ちょうしゃ》と共に生きていきます。ですから、聴者《ちょうしゃ》の文化（「聴《ちょう》文化」）を知り、尊重《そんちょう》することも学ばなければなりません。

つまり、ここでいう「二つの文化」とは、「ろう文化」と「聴《ちょう》文化」のことを指すのです。二つの文化の間では、人によびかける方法、どんなことを失礼だと思うかなどがちがいます。たがいに異《こと》なる文化を理解《りかい》し、尊重《そんちょう》するのがバイカルチュラル教育です。

バイリンガル・バイカルチュラル教育は、ろうの子どもの学習と心身両面の成長、大人になってからの社会参加と自己実現《じこじつげん》を目指すものです。このことから、ろうの子どもは「多文化の旗手《きしゅ》」だという考え方もあります。

では、日本手話の特徴《とくちょう》は、どういうところにあるのでしょう。

明晴学園の子どもたちを観察していると、人と話すときに相手の顔をよく見ています。顔の表情《ひょうじょう》も、大事な日本手話の特徴《とくちょう》の一部です。ろう者は聴覚《ちょうかく》にハンディがある分、視覚《しかく》からの情報量《じょうほうりょう》を多く取りこみます。だから「目の人」とも言われます。

また、日本手話の特徴《とくちょう》の一つに「指差し」があります。日本の聴《ちょう》文化では、相手を指差すことは失礼にあたります。しかし、日本手話では指差しは、主語や目的語をはっきり表すためにも大事な要素《ようそ》になっています。聴者《ちょうしゃ》の中には「指を差されて不愉快《ふゆかい》だ」などと誤《ご》解《かい》してしまう人もいます。みなさんがろう者と接《せっ》する機会があったら、このことを思い出してください。

日本にいる三十万人以上の聴覚障害者《ちょうかくしょうがいしゃ》のうち、日本手話を母語《ぼご》とする人たちは約六万人。口話法《こうわほう》(51ページ参照)で育った人がのちに習得《しゅうとく》するのは、日本語対応《たいおう》手話(50ページ参照)である場合が多いそうです。

では、カルチャースクールなどの手話教室で、ろう者の母語《ぼご》でない日本語対応《たいおう》手話を学ぶことは、どれだけの意味があるのでしょうか。斉藤道雄《さいとうみちお》校長の答えはこうです。

「それでもなにも習わないよりはいいでしょう。独特《どくとく》の文法構造《ぶんぽうこうぞう》をもつ日本手話は、一《いっ》般《ぱん》の聴者《ちょうしゃ》にはなかなか習得できません。

日本語対応《たいおう》手話でも役立つ場面はたくさんあります。でも、もっとも正確《せいかく》なのは筆談だということも、ぜひおぼえておいてほしいですね」

みんなのことは みんなで決める 中学校

不登校の子がいきいきできる学校

東京《とうきょう》に「木枯《こが》らし一号」が吹《ふ》いた、十一月最初の土曜日。

東京《とうきょう》都葛飾《かつしか》区の住宅街《じゅうたくがい》の一角にある、東京《とうきょう》シューレ葛飾《かつしか》中学校の体育館は、生徒たちの熱気に包まれていました。

ふだんより少しおしゃれをして、目を輝《かがや》かせる子どもたち。校長の奥地圭子《おくちけいこ》さんの開会宣言《せんげん》で、みんなが心待ちにしていた文化祭「大葛祭《だいかっさい》」の幕《まく》が切って落とされました。

コーヒー・紅茶《こうちゃ》とマフィンのやさしい香《かお》りに包まれた喫茶店《きっさてん》コーナー、懐《なつ》かしさをかき立てる綿菓子《わたがし》、そしてお化《ば》け屋敷《やしき》……。どこにでもある中学校の文化祭の光景です。

ただ、一つだけちがう点をあげるとすれば、ここに通っている生徒たちはみな、さまざまな理由で不登校を経験《けいけん》した子どもたちだということです。

自分の不登校体験も話す「子どもシンポジウム」

午前中、体育館ではピアノなどの演奏《えんそう》に続いて、「子どもシンポジウム」が始まりました。たくさんの大人たちも見守る中、体育館のステージに、卒業生二人と在校生《ざいこうせい》二人が上がり、司会役の奥地《おくち》さんの質問《しつもん》に答えていきます。入学を考えている小学生や、その家族に、シューレ中がどんな学校なのかを知ってもらおうと企画《きかく》されたのです。

「じゃあ、元《げん》君、どうして不登校になったのか、教えて」

生徒たちの愛称《あいしょう》をよびながら、おだやかな口調で問いかける奥地さん。

最初に卒業生の藤田元《ふじたげん》君が、しっかりとした口調で話し始めました。

「不登校になったのは小二の夏休み明けから。教室で、かたいいすに座《すわ》り続けているのが苦しくて……。親は学校に行かないことを許《ゆる》してくれず、無理やり連れて行かれた」

続いてマイクを握《にぎ》ったのは、やはり卒業生の景山愛子《かげやまあいこ》さん。

「いじめもなく、成績《せいせき》も悪くなかったけれど、中学一年の夏休み明けに突然《とつぜん》学校へ行けなくなった。たぶん、きびしい部活と勉強で、自分自身がパンクしちゃったんだと思う。

先生や家族が困《こま》っているのを見るたび、申《もう》し訳《わけ》ないなあと思っていた。学校に行かないのは悪いことだとわかっていても、どうしても体がいうことを聞かなかった」

続いて、在校生《ざいこうせい》の山田太郎《やまだたろう》君（仮名）の話。

「中一の秋、かぜで一週間休んだのをきっかけに、行きたくなくなった。宿題やテストの緊張感《きんちょうかん》が苦手で、できないと先生からののしられるのもいやだった」

最後の島田エリカ（仮名）さんは、「学校や先生への小さな不満が積もって、小三の三学期から不登校になりました」と、簡潔《かんけつ》にふり返りました。

四人とも、体育館に集まった大勢《おおぜい》の大人や子どもに向かって、つらかった日々のことを包みかくさず話していきます。

東京《とうきょう》シューレ葛飾《かつしか》中はどんな学校？

不登校だった四人にとって、東京《とうきょう》シューレ葛飾《かつしか》中での生活は、どのように映《うつ》ったのでしょう。「子どもシンポジウム」の続きを聞きましょう。

「スタッフの年齢《ねんれい》が近いし、敬語《けいご》を使うのが苦手な自分にとっては楽だった」と元君《げん》。

愛子《あいこ》さんも「先生とよばなくていいのは新鮮《しんせん》。同じ目線に立っている気がした」と言葉を続けました。

「前の学校では敬語《けいご》を使わないと怒《おこ》られた。でも、ここでは上下関係がないのがいい」と太郎《たろう》君がきっぱりと言い切ります。

愛子《あいこ》さんも、「スタッフは上から目線でないし、大人だけれど大人じゃない感じかな。友だちみたいな感覚で接することができる」と言っています。

シューレ中では先生を「スタッフ」とよんでいます。生徒どうしの関係も、中学校といえば、「先輩《せんぱい》・後輩《こうはい》」の間柄《あいだがら》があたりまえですが、シューレ中では学年間の差はとてもゆるやかです。

元《げん》君はシューレ中に入ってから卒業までの一年間、一日も休まずに「皆勤賞《かいきんしょう》」を達成しました。「勉強はきらいでも、一日四時間しかないし、いすもやわらかいから、集中力が途切《とぎ》れなかった」

愛子《あいこ》さんは、「暇部《ひまぶ》」を設立《せつりつ》し、その名に反して新聞・ポスター作りなどに忙殺《ぼうさつ》される学校生活を送ったと言います。

「最後は『多忙部《たぼうぶ》』でした。たいへんだったけど、つらくはなかった。だれかに押《お》しつけられたわけではないから、純粋《じゅんすい》に楽しめたんです」

シューレ中に通うことによって、不登校への考え方も変わりました。

「昔は罪悪感《ざいあくかん》があったけれど、今は休んでもいいんじゃないかと思う。いじめがある、つらい戦場みたいなところならば行かなくていい」と、太郎《たろう》君は力強く持論《じろん》を述《の》べました。

エリカさんも「休むのはバリバリOK《オーケー》だと思う。休むことを否定《ひてい》すると、自分の過去《かこ》までも否定《ひてい》してしまうことになるから」と、まっすぐな目で会場に語りかけました。

気負わず、焦《あせ》らず、自分のペースで一歩ずつ。不登校の経験《けいけん》を自分の中で整理し、前に進んでいこうとする四人に、会場からあたたかい拍手《はくしゅ》がおくられました。

増《ふ》える「不登校」の子どもたち

みなさんのまわりにも、学校に来られない友だちがいると思います。あるいは、あなた自身がそうかもしれません。

東京《とうきょう》シューレ葛飾《かつしか》中は、そんな不登校の子どもたちのための学校です。

「不登校なのに学校に行くの？」と疑問《ぎもん》に思う人もいるかもしれません。まず「不登校」とはなにかについて、簡単《かんたん》にお話ししておきましょう。

文部科学省《もんぶかがくしょう》では、一年間に三十日以上欠席した児童生徒を「不登校」と定義《ていぎ》しています。同省《どうしょう》の「学校基本調査《がっこうきほんちょうさ》（速報《そくほう》）」によると、二〇〇七年度の中学生の不登校は約十万五千人。前年度より約二千人増《ふ》えました。

全生徒に占《し》める不登校の割合《わりあい》は、過去《かこ》最高を二年連続で更新《こうしん》し、二・九一パーセント。「三十四人に一人が不登校」という計算になります。

統計上《とうけいじょう》は「不登校」にはならない「保健室《ほけんしつ》登校」をふくめると、その数はもっと増《ふ》えます。

不登校の生徒が在籍《ざいせき》する中学校は、全体の八六パーセントです。これだけの子どもたちが通えなかったり、教室に入れなかったりする、今の学校とはなんなのでしょうか。

新しい制度《せいど》で開校した中学校

東京《とうきょう》シューレ葛飾《かつしか》中は、二〇〇七年四月に開校しました。不登校の子どもたちに学校外の学び・交流の場をつくろうと、奥地《おくち》さんと親たちが開いたフリースクール「東京《とうきょう》シューレ」が母体となって創《つく》った私立《しりつ》中学校です。「シューレ」とはギリシャ語で「精《せい》神《しん》を自由に使う」という意味です。「フリースクール」とは、おもに不登校の子どもたちの居場所《いばしょ》、交流の場として民間にもうけられた場です。

「フリースクールが学校をつくれるの?」と思う人もいるかもしれません。

学校は、国または地方公共団体か、私立の学校なら、「学校法人」しか設立《せつりつ》できないと決まっていました。「学校法人」として認《みと》められるには、学校の敷地《しきち》と校舎《こうしゃ》を自己《じこ》所有していなければなりませんでした。

しかし、二〇〇二年に成立した「構造改革特区制度《こうぞうかいかくとくせいど》」によって、校地と校舎《こうしゃ》を自己《じこ》所有していなくても、「学校法人」をつくれるようになりました。

この制度《せいど》によって、シューレ中にも開校の道が開かれました。校舎《こうしゃ》と校庭・校地は、葛飾《かつしか》区から、統合《とうごう》になったあとの旧《きゅう》小学校を借り受けました。

不登校の子どもたちの学びの場として、子どもを学校に合わせるのではなく、子どもに合わせた学校を創《つく》ろう。何年もの準備《じゅんび》期間をへてできたのが、シューレ中です。

開校二年目の二〇〇八年度は、約百二十人の生徒が学んでいます。いまの学校を支配《しはい》する「競争主義《きょうそうしゅぎ》教育」ではなく、子どもと保護者《ほごしゃ》、教職員《きょうしょくいん》がともに創《つく》り続け、成長していく「共創《きょうそう》教育」を目指しています。

授業《じゅぎょう》時間数や課外活動にも特色が

では、シューレ中の「共創《きょうそう》教育」とは、具体的にはどんなものなのでしょうか。はじめに、カリキュラムや学校のしくみを紹介《しょうかい》しましょう。

不登校を経験《けいけん》した子どもの負担《ふたん》を軽くするため、年間総授業時間数《そうじゅぎょうじかんすう》は、標準《ひょうじゅん》の九百八十時間の約八割《わり》にあたる、七百七十時間にしています。一日の授業《じゅぎょう》は午前二時間、午後二時間の計四時間。遠くから通ったり、夜型の生活をしている子でも通えるように、始業は午前九時四十分とゆっくりめです。昼休みもたっぷりと一時間とっています。

毎週木曜日は、朝から午後まで、総合《そうごう》学習と体験学習の特徴《とくちょう》を取りこんだ「いろいろタイム」です。

中学校といえば、授業《じゅぎょう》はもちろんですが、課外活動も大事です。シューレ中では、自分のやりたいことにできるだけ取り組めるよう、週に四日、放課後に「それぞれの活動の時間（それ活）」を設《もう》けています。スポーツ、ダンス、剣道《けんどう》、お菓子《かし》作り、バンド、美術《びじゅつ》、演劇《えんげき》、日本文化……。自分の好きなことにそれぞれのペースで取り組めるのが、「それ活」の最大の特徴《とくちょう》です。通常《つうじょう》の中学校の「部活動」のように、毎日特定のものに参加しなくてもよいのです。

また、自習したいという人には、スタッフが手助けしてくれます。もちろん、自習は強制《きょうせい》ではありません。不登校を経験《けいけん》すると、どうしても学習面で遅《おく》れがちになることもありますし、高校受験も気になります。そのため「それ活で勉強したい」という子どももいるのです。

ある日の「それ活」の時間、音楽室をのぞいてみました。この日は男女約十人のグループが、三日後にシューレ中を会場として開かれる「フリースクール全国フェスティバル二〇〇八」で発表する、コント仕立てのダンスの練習に励《はげ》んでいました。

思い思いのコスチュームに身を包み、音楽に合わせて何度も振《ふ》り付けを確認《かくにん》する生徒たち。途中《とちゅう》、笑いを取るタイミングについてみんなで意見を出し合い、その内容《ないよう》は少しずつ洗練《せんれん》されたものになっていきました。

そんな生徒たちの自主性《じしゅせい》を尊重《そんちょう》して、おだやかな表情《ひょうじょう》で見守るスタッフ。一般的《いっぱんてき》な部活動のように、顧問《こもん》の先生のきびしい指導《しどう》や、先輩《せんぱい》・後輩《こうはい》の上下関係はありません。「ただ純粋《じゅんすい》にこの時間を楽しんでいるんだ」という一人ひとりのいきいきとした表情《ひょうじょう》が印象的です。

「ホーム」は三学年がいっしょ 教室のいすは、やわらかい

学校を見学していると、ほかにもいろいろな発見がありました。

制服《せいふく》がなく、みんな思い思いのファッションでおしゃれを楽しんでいます。

チャイムが鳴らないため、時間もゆったりと流れているように感じます。

教師《きょうし》をスタッフとよぶ、とさきほど紹介《しょうかい》しましたが、子どもたちも「先生」とはだれも言いません。さん付け、もしくはあだ名でよびます。奥地《おくち》さんも「校長先生」ではなく「奥地さん」とよばれています。

スタッフルームの扉《とびら》はいつも開いたまま。生徒が気軽に出入りし、友だちどうしみたいに話をしています。

「子どもたちにとって、学校は上下関係と緊張《きんちょう》を強《し》いられる場所なのです。だから、

人間どうしつきあうという感じで、やわらかい雰囲気《ふんいき》にするよう心がけています」と、奥地さんが説明してくれました。

学校での生活の単位は、一年から三年まで、年齢《ねんれい》のちがう約二十人の子どもたちで構成《こうせい》される「ホーム」です。ホームには、スタッフが三人います。ホームは六つあり、一教室を半分ずつ使っています。ホームの仕切りがわりに、部屋の中ほどには、カーテンレールがなめらかな曲線を描《えが》いています。

見学したのは「いろいろタイム」（80、102ページ参照）の日で、それぞれの丸テーブルでは、さきほどお話しした「フリースクール全国フェスティバル」のための飾《かざ》り付けを作っていました。部屋の隅《すみ》には靴《くつ》を脱《ぬ》いで上がれるコーナーもあり、なんだかとても居心地《いごこち》がよく、心の底からリラックスできそうな空間です。

授業《じゅぎょう》もホーム単位で行われます。ただし、生徒の進み具合や理解度《りかいど》に大きな差がある日本語（国語）、数学、英語の三教科は、学年ごとに三つの習熟度別《しゅうじゅくどべつ》グループに分け、三人のスタッフがチームティーチング（二人以上の先生で授業《じゅぎょう》をすること）で教えます。

ホームの部屋と別にある、「授業《じゅぎょう》ルーム」をのぞいてみました。机《つくえ》の形は長方形ではなく台形です。いすも、オフィスで見かけるようなシートのやわらかいものです（3ページ参照）。冒頭《ぼうとう》で紹介《しょうかい》した「子どもシンポジウム」で、元《げん》君が、「シューレ中はいすもやわらかいから集中力が途切《とぎ》れなかった」と言っていましたね。

シューレ中の席の並《なら》び方は、みんなが黒板に向かって規則《きそく》正しく整列するのではなく、スタッフを中心に半円形に広がるなど、自由な雰囲気《ふんいき》が漂《ただよ》っています。

ほかにも、東京理科大《とうきょうりかだい》の建築《けんちく》学科の協力を得て作った「でこぼこルーム」という部屋もあります（3ページ参照）。大きな四角いクッションがたくさん置いてあり、友だちとしゃべったり、ひとりでくつろいだりもできます。

校舎《こうしゃ》自体はもとの小学校のままですが、内装《ないそう》にはさまざまなくふうがこらされています。奥地さんは、

「開校前も、東京《とうきょう》シューレが創《つく》る中学校はどういう学校にしたいか、子どもたちの意見をききました。そのとき『四角い机《つくえ》がズラーッと並《なら》んでいるような教室はぜったいに

家庭科室へ集合ー!!
ミルクプリンをたべましょう
フリフェス
装飾
1つの紙に
4つ書いて
↓
切る
星
三角
四角
丸

いやだ』という子どもがいました。ロッカーも自分たちで作ったんですよ」

と話してくれました。

くふうがこらされているのは、カリキュラムや校内の設備《せつび》だけではありません。シューレ中の一つの大きな柱が「学校運営《うんえい》会議」です。それは、生徒と保護者《ほごしゃ》、スタッフの代表が、月に一回集まって開かれます。

大人が決めたことを子どもに押《お》しつけるのではなく、生徒もいっしょになって意見を出し合いながら、学校生活にかかわるさまざまなことを決めていくのです。

修学《しゅうがく》旅行は、だれがどこに行くのか、シューレ中でウサギを飼《か》いたいがどうか、文化祭はどうやって開催《かいさい》するのか。

「学校ができてからももちろん、そんなみんなの意見を大事にして、この学校を創《つく》っているんです。主役となるのはあくまでも子どもたちですから」

奥地さんたちのそんな思いが伝わってきます。

みんなで決めた修学旅行《しゅうがく》の行き先

「学校生活のさまざまなことを、子どもたちも意見を出して、スタッフや保護者《ほごしゃ》といっしょに決めていく」とは、実際《じっさい》に、どういうことなのでしょう。

二〇〇八年の十月、シューレ中の修学旅行《しゅうがく》がありました。

三年生の馬場耕介《ばばこうすけ》君は、修学旅行《しゅうがく》の実行委員会の委員長を務《つと》めました。

行き先や旅行の内容《ないよう》も、みんなで決めました。決まった学年だけでなく、全学年で修《しゅう》学《がく》旅行に行くのも大きな特徴《とくちょう》でしょう。もちろん、これも、生徒たち実行委員会が提案し、全校ミーティングで話し合って決めた方針《ほうしん》です。

「ほかの学校とちがって、行き先も人数も直前にならないと決まらないから、正直やりにくいですよ、って、旅行会社の人には言われるんですけどね」

と、奥地《おくち》さんが教えてくれました。

耕介君《こうすけ》は、委員長として、まず、行き先の決定に悩《なや》んだそうです。

「結局広島《ひろしま》へ行ったんですけど、沖縄《おきなわ》がいいという声も出ていて、行き先ひとつ決めるにも、たくさんの声をまとめていくのはたいへんな作業でした。

でも、反対の意見があるということは大切なことですよね。シューレ中は子どもたちで決められるのがいいと思います」

そう話す、耕介君《こうすけ》のにこやかな表情《ひょうじょう》は、満足感に満ちたものでした。

過去《かこ》の不登校のさまざまな理由と苦しさ 今は「下校時間を遅《おそ》くしてほしい」

その耕介君《こうすけ》と、ほかの在校生《ざいこうせい》二人に、不登校になった経緯《けいい》などを話してもらいました。

耕介君《こうすけ》が不登校になったのは、小学五年の夏休み前。担任《たんにん》の先生が、宿題や給食の食べ残しなど、なんでも班《はん》で連帯責任《れんたいせきにん》を取らせるやり方を見ているのがつらくなりました。

校長や担任《たんにん》から家に電話があり、謝罪《しゃざい》の言葉もあったので、また登校しようと思っていたのですが、友人から「先生がまた同じことをやっている」と聞き、やっぱり行くのはやめようと決意しました。「裏切《うらぎ》られた」という思いが強く心に残ったそうです。

東京《とうきょう》シューレのうち、東京都北区《とうきょうときた》にある「王子《おうじ》シューレ」に、小学六年から中学一年まで通い、年上の人たちといっしょに、イベントや合宿の企画《きかく》などもしました。シューレ中が開校したときに、二年生で入学。フリースクールとはちがう、同年齢《どうねんれい》の子たちとの生活に、まったくちがう気持ちで臨《のぞ》みました。でも、スタッフの大半は東京《とうきょう》シューレから来ているし、みな接《せっ》しやすく、話しやすい人たちばかりで安心したそうです。卒業後についての希望を、こう話してくれました。

「自由なことができそうな高校で、またイベントを考えたい。強制《きょうせい》されたり、縛《しば》られたりしない高校がいいなあ」

二年生の山本さおり（仮名）さんも王子《おうじ》シューレ出身です。

「シューレ中に入って、最初はみんなで意見を言い合う全体ミーティングがきらいでした。でも今は、いろんなことを自分たちで決めていけて、ありがたいと思います。学年にとらわれないホームや、学年別とホーム別がある授業《じゅぎょう》のやり方とか、たしかにふつうとはちがう、変わった学校です。でも、スタッフとは気軽に話せるし、大人も子どもも関係ない雰囲気《ふんいき》が好きなんです」

さおりさんは、小学三年の二学期から不登校になりました。きっかけは、同じクラスの子との意見の食いちがい。相手はクラスでも目立っている子だったので、夏休み明けから学校に行くのがつらくなっていきました。

学校へ行かないと気持ちは楽でしたが、外で友だちと会うたびに、気まずい思いをしました。今でこそ親は理解《りかい》してくれていますが、当時はちがいました。それに、翌年《よくとし》から同じ小学校に入る予定の弟から「なんで行かないの」と聞かれ、そのたびに気持ちが落ちこみました。

毎日がきつくてしかたなかった小学校時代でしたが、シューレ中に通うようになり、日常《にちじょう》の授業《じゅぎょう》の方法や休み時間の過《す》ごし方などできついと感じることはなくなり、気持ちが楽になりました。

今、さおりさんのシューレ中に対する不満は、下校時間が早いこと。「『それ活』に集中していても、午後四時半になると帰るよう言われる。もう少し遅《おそ》くまで学校にいられるといいんだけど……」

一年生の中沢正樹《なかざわまさき》君（仮名）は、同級生との仲が合わず、小学六年から不登校になりました。シューレ中は「授業中《じゅぎょうちゅう》も、好きなところに座《すわ》れる。小学校と雰囲気《ふんいき》がちがって、こっちのほうが過《す》ごしやすいし、毎日が楽しい」と話します。正樹《まさき》君のいちばんの思い出は、やはり、平和学習などにも取り組んだ広島《ひろしま》への修学《しゅうがく》旅行です。

わが子の不登校を経験《けいけん》して

校長の奥地《おくち》さんは、もともと小学校の教師《きょうし》でした。教師《きょうし》になりたいというのは、中学時代からの夢《ゆめ》でした。

小学生だった長男が不登校になったことから、「教師《きょうし》」そして「母親」として、自分を見つめ直し、学び直す機会が生まれることになったそうです。

はじめ、奥地さんは、「なぜうちの子が不登校になるんだろう。なんとしてもまた学校へ行ってほしい」と思っていました。しかし、食事も受けつけず、見る見るやせ細っていく息子《むすこ》の姿《すがた》を目にし、学校を中心に考える自分の考え方がまちがっていたことを思い知ります。

学校へもどすのではなく、不登校に苦しんでいる息子《むすこ》がほんとうに必要としていることをやっていこう。そう腹《はら》をくくると、彼《かれ》は少しずつ元気を取りもどしていきました。月に一回、不登校の子と親が集まる「登校拒否《とうこうきょひ》を考える会」をつくりました。しかし、残りの日は、子どもたちが行く場所はありません。学校に行けない子でも、友だちはほしいし、勉強もしたい。学校外にそんな場所があればいいんだ、と気がつきました。

もうひとつ、小学校の教師《きょうし》としても、奥地さんの胸《むね》の中には、大きな葛藤《かっとう》が渦巻《うずま》いていました。

学校がよくなっていくスピードよりも、子どもが苦しむスピードが勝っている。そんな学校を変えるには、教師《きょうし》として卵《たまご》の殻《から》を内側からつつくだけではなく、外側から力を加えることも必要なのではないか。奥地さんは、しだいにそんな思いを強めていきました。

教師《きょうし》仲間からは、「学校から逃《に》げるの」「不登校の子が集まれる場所をつくっても、たかだか三、四十人を助けるだけじゃない」などと反対されました。しかし、「学校の外に子どもの居場所《いばしょ》をつくることで、学校を相対化できる」という奥地さんの決意は揺《ゆ》らぎませんでした。

こうして一九八五年に設立《せつりつ》したのが、のちのフリースクール「東京《とうきょう》シューレ」です。目指すのは、子どもが安心していられる居場所《いばしょ》。九九年にはNPO《エヌピーオー》法人《ほうじん》になり、保護者《ほごしゃ》を中心とした正会員と、多くのボランティアらによって支《ささ》えられる組織《そしき》になりました。

学校外の学びの場・交流の場として、不登校の子を中心に六歳《さい》から二十歳《さい》まで、これまでに約千三百人の子どもと若者《わかもの》が通ってきました。文学賞を受賞したり、新聞記者になったり、OB《オービー》・OG《オージー》は各方面で幅広《はばひろ》く活躍《かつやく》しています。

スタッフが家庭教師《きょうし》のように訪問《ほうもん》したり、インターネットのテレビ会議を利用した授業《じゅぎょう》をしたりするなどして、家庭を中心に過《す》ごしている子に向けた「ホームシューレ」というサポートにも力を入れてきました。文科省認定《もんかしょうにんてい》の大学ではありませんが、十八歳《さい》以上の若者《わかもの》を対象にした「シューレ大学」もあります。

フリースクールだけではなく なぜ学校をつくったのか？

フリースクールという学校以外の子どもの学び場・育ちの場をつくってきた奥地《おくち》さんが、あえて中学校を創《つく》ったねらいはどこにあるのでしょうか。

「じつはフリースクールでは解決《かいけつ》できない、さまざまな問題があるのです」と、奥地さんは説明します。

たとえば、フリースクールの高等部には、通学定期が適用《てきよう》されません。授業料《じゅぎょうりょう》を貸《か》してくれたり、負担《ふたん》してくれたりする奨学金《しょうがくきん》も対象外です。博物館《はくぶつかん》などの施設《しせつ》で利用できる学割制度《がくわりせいど》も認《みと》められません。「学校」ではないので、行政《ぎょうせい》から公的な補助金《ほじょきん》が出ないのも、経営《けいえい》を安定させていくうえでは大きなネックです。

こうした問題に直面していたとき、「教育特区の制度《せいど》を利用すれば、新しい学校がつくれるよ」とアドバイスをもらい、子ども中心の学校づくりを考えるようになりました。

「学校に行くことだけが教育ではない、家庭で学ぶことも、フリースクールで学ぶことも、すべてはその子どもに合った多様な学びの姿《すがた》の中から、子ども自身が選べるようにするべきだ」。さまざまな子どものために、多様な教育の場が必要だと考える奥地さんは、多くの人の協力を得て、開校にこぎつけました。

二〇〇七年四月九日、入学式にあたる「はじまりの会」が開かれ、東京《とうきょう》シューレ葛飾《かつしか》中学校がスタートしました。「年間三十日以上欠席していることが入学の条件《じょうけん》」（ただし、保健室《ほけんしつ》登校や別室登校、放課後《ほうかご》に部活動だけ参加する部分登校などの子にも出願資格《しかく》がありますという、不登校の子どもを対象にしたはじめての学校。これは、日本の教育史に記されるべき日かもしれません。

どんな学校も、もっと子どもを中心に考える学校に

以前の学校では不登校でも、シューレ中に入学・転入すると六〜七割《わり》の子どもが、通えるようになりました。なぜでしょうか。その疑問《ぎもん》を奥地《おくち》さんにぶつけてみました。

奥地さんがまずあげたのは、まなざしを変えるということです。

シューレ中では不登校を否定的《ひていてき》に考えていません。休むことも権利《けんり》であると考え、不登校した自分を、子ども自身が受け入れ、自己肯定《じここうてい》できるよう取り組んでいます。

不登校の子を見守る親の視線《しせん》も大切です。親との信頼《しんらい》関係を築《きず》きながら、話し合う機会を重ね、「なんとか登校させねば」という考え方を改めてもらえるように努めました。

学校のシステムもくふうしました。

なんでも強制《きょうせい》される学校では、行きたくなくなるのも当然です。できるかぎり子どもの意見を聞き、みんなで話し合う場を設《もう》け、子ども自身の学校への参画度《さんかくど》を高めました。

「学びの記録」と題した通知表には、子ども自身が教科ごとにその学期の自分なりの歩みをふり返り、達成したことを自己評価《じこひょうか》し、それに対してスタッフがコメントを記入します。このプロセスは、自信と自尊心《じそんしん》を獲得《かくとく》していくうえで、大切な作業です。

学校に出てこられなくなった生徒には、冊子《さっし》の発行を通した情報交換《じょうほうこうかん》や、インターネットを通じてコミュニケーションを取るなど、ホームスクール部門にも力を注いでいます。また、学校に来た日数だけでなく、家庭で過《す》ごした日数も肯定的《こうていてき》にとらえています。

さらに、これまでに紹介《しょうかい》したように、授業《じゅぎょう》時間や「それ活」などの日常《にちじょう》生活も、本人の希望、過《す》ごしやすさ、やりやすい形を尊重《そんちょう》しています。

最後のポイントは、人間関係の調整です。

スタッフと子どもは、「教師対生徒《きょうしたいせいと》」という縦《たて》の関係にならないよう配慮《はいりょ》しました。スタッフは、ともに考え、必要なサポートをするパートナーとして、子どもと信頼《しんらい》関係をつくっていくようにしました。子どもの話をよく聞き、問題は一人で抱《かか》えこまずにスタッフ全員で共有するよう心がけています。

子どもどうしの関係も重要です。子どもがしんどさを感じている場合は、ホームを変えた例もありました。

「あまりにも基本的《きほんてき》なことですが、個々《ここ》の子どもを大切にする教育が大切です。多くの学校がもっと子どもを中心に考える学校になれば、どの子にとっても居《い》やすく、不登校の子にも通いやすい学校になるのです」

奥地さんはそう訴《うった》えます。

「ここを開いたからこそ出会えた子どもたちがいた」

少子化が進み、親が子に寄《よ》せる高学歴への期待はますます高まっています。そうした思いを肩《かた》に背負《せお》った子どもたちにとっては、精神的《せいしんてき》にきつい社会といえるでしょう。

世の中は、学校に行く子が有利なシステムになっています。でも、仮《かり》に子どもが不登校になっても、そのことを劣等視《れっとうし》するのではなく、かけがえのない子として存在《そんざい》そのものを受けとめ、認《みと》めてあげること。そして、不登校の子はかわいそうな子という差別や偏見《へんけん》も捨《す》てること。まだまだ、それができていない社会状況《じょうきょう》ではないでしょうか。

奥地《おくち》さんも自分の子どもが不登校になり、教育は、子どもが中心であることが原点だと気づきました。上からやらせるのが教育だと思っている学校や親の価値観《かちかん》は、変えるべきだと主張《しゅちょう》します。

二十二年間小学校の教師《きょうし》を務《つと》め、学校を絶対視《ぜったいし》するのではなく、相対化するためにフリースクールを始めた奥地さんは、その二十二年後に、東京《とうきょう》シューレ葛飾《かつしか》中学校という、これまでにない新しい学校にたどり着きました。

「フリースクールではなく、この学校を開いたからこそ、出会えた子どもたちがいるんです」

開校二年目の感想を、奥地さんはそう語ります。

今後の目標として、不登校を対象にした高校や小学校も創《つく》れれば、と考えています。もちろん、フリースクールは並行《へいこう》してやっていくつもりです。

いまは不登校でもいずれは学校に行きたい子、学校以外の居場所《いばしょ》に安らぎを感じる子。いろいろな選択肢《せんたくし》があるほうが、子どもにとっては幸せなのです。

不登校になったことをきっかけに、強迫神経症《きょうはくしんけいしょう》やリストカット、無気力など、「二次的障害《しょうがい》」とよばれる状態《じょうたい》に悩《なや》まされる子がたくさんいます。シューレ中の中にも、そうした苦しい体験を経《へ》てきた子がいます。

奥地さんは、「子どもが創《つく》る学校」を実現《じつげん》することによって、しおれた草木がよみがえるように、元気を取りもどしていく子どもたちの姿《すがた》を何人も見ることができました。

「でもほんとうは、傷《きず》つかないままここに来てくれたら、どんなにいいか……」

不登校の子によりそってきた奥地さんの心の叫《さけ》びが、胸《むね》に響《ひび》きました。

コラム

「先輩《せんぱい》の話に耳を傾《かたむ》けて」

不登校を冷静にふり返り、熱く夢《ゆめ》を語る

東京《とうきょう》シューレ葛飾《かつしか》中学校のある日の「いろいろタイム」（80、83ページ参照）では、午後の時間、不登校を体験した先輩《せんぱい》を招《まね》いて話を聞く「ようこそ先輩《せんぱい》」が開かれました。みんなの前に立ったのは、都立高校二年の富山雅美《とみやままさみ》さんです。

雅美《まさみ》さんが通う高校は、「チャレンジスクール」とよばれます。不登校や退学《たいがく》などを経《けい》験《けん》した人たちに「挑戦《ちょうせん》」を促《うなが》そうと、東京《とうきょう》都が設立《せつりつ》した昼夜間定時制《ていじせい》の高校です。入試に学力試験はなく、作文や面接《めんせつ》で合格者《ごうかくしゃ》が決まります。朝から夜まで、自分の都合のいい時間に授業《じゅぎょう》を受けられ、卒業に必要な単位を、最短三年から最長六年かけて取って卒業します。

雅美《まさみ》さんの一日のスケジュールは、全日制《ぜんにちせい》に通う高校生とはちがい、まず午前九時から十一時半まではアルバイトに精《せい》を出します。授業《じゅぎょう》を受けるのは午後二時四十五分から九時

までです。

「暗い校舎《こうしゃ》で鬼《おに》ごっことか楽しいし、夜景もきれいなんですよ」

雅美《まさみ》さんが不登校になったのは、中学時代に受けたいじめがきっかけでした。たった一週間でクラスメートから無視《むし》されるようになり、学校に行ったり、休んだりのくり返し。クラスにいるだけでつらく、あるとき、定期試験を別室で受けてよいことになりました。しかし、雅美《まさみ》さんに用意されたのは、ガラス張《ば》りの個室《こしつ》でした。

「みんなから興味本位《きょうみ》でじろじろ見られて、『自殺したい』とさえ思いました」

雅美《まさみ》さんの苦しい気持ちを、父親や祖父母《そふぼ》はなかなかわかってくれませんでした。「学校に行かないとダメだ」と何度も言われました。

味方になってくれたのは、お母さんです。いじめに苦しむ姿《すがた》を見て、「学校に行くより、自分の身を守るほうが大事だよ」と、雅美《まさみ》さんの不登校を受け入れてくれました。じつはお母さんも学生のころ、不登校を経験《けいけん》したことがあったそうです。

「不登校がうつる」「親の育て方が悪い」

不登校に対して、そんな見方をする人がいます。雅美《まさみ》さんは、そうした声に心を痛《いた》めています。

学校に行きたい。行かなければいけない。そのことをいちばんわかっているのは、本人です。でも、心と体が拒否反応《きょひはんのう》を示《しめ》し、どうしても行けない。だから、不登校の子どもたちは、家にいても、みんな苦しんでいるのです。

自分の部屋に引きこもり、一日中雨戸を閉《し》めきって、光といえば部屋のあかりだけ。そんな生活を三か月間続けました。

「カウンセリングに行こうよ」

やさしく言ってくれた母親だけが、心の支《ささ》えでした。学校以外の居場所《いばしょ》として、病院の先生が紹介《しょうかい》してくれたのが、東京《とうきょう》シューレの「新宿《しんじゅく》シューレ」だったのです。

新宿《しんじゅく》シューレでは、同じような経験《けいけん》をしてきた人が多く、大きな家族のような雰囲気《ふんいき》でした。ありとあらゆるストレスをぶちまけることができ、ほかの子に対する愚痴《ぐち》を言うこともできました。

家では涙《なみだ》を見せることができなくても、新宿《しんじゅく》シューレでは人目もはばからずに泣《な》けました。ここでは心身を休めることができ、心から落ち着ける。

「自分を唯一《ゆいいつ》出せる場所でした」と雅美《まさみ》さんはふり返ります。

オーストラリアで開かれた「世界フリースクール大会」に参加するなど、学校ではできなかった貴重《きちょう》な体験もしました。

雅美《まさみ》さんは、もともと子どもが好きで、保育士《ほいくし》の仕事に興味《きょうみ》をもっていましたが、新宿《しんじゅく》シューレの職場《しょくば》体験で、保育園《ほいくえん》に二週間行ったのが大きな転機でした。実際《じっさい》に保育《ほいく》の現場《げんば》で子どもたちと接《せっ》したことで、保育士《ほいくし》になりたいという明確《めいかく》な将来《しょうらい》の目標ができました。

今、その目標に向かって高校生活を送っています。

最後に、雅美《まさみ》さんは自分の気持ちを整理《せいり》するかのように、後輩《こうはい》たちに力強くメッセージを発しました。

「学校に通いたくなければ、通わなければいいじゃん。どうしても行かなくちゃいけないものでもないし、不登校は別にはずかしいことじゃないと思う。はずかしいと思っていることのほうが、もっとはずかしいんじゃないかな」

つらかった不登校の時期を冷静にふり返る強さと、保育士《ほいくし》への夢《ゆめ》を熱く語る情熱《じょうねつ》。そんな雅美《まさみ》さんの姿《すがた》は、後輩《こうはい》たちにはひときわ輝《かがや》いて見えたのではないでしょうか。

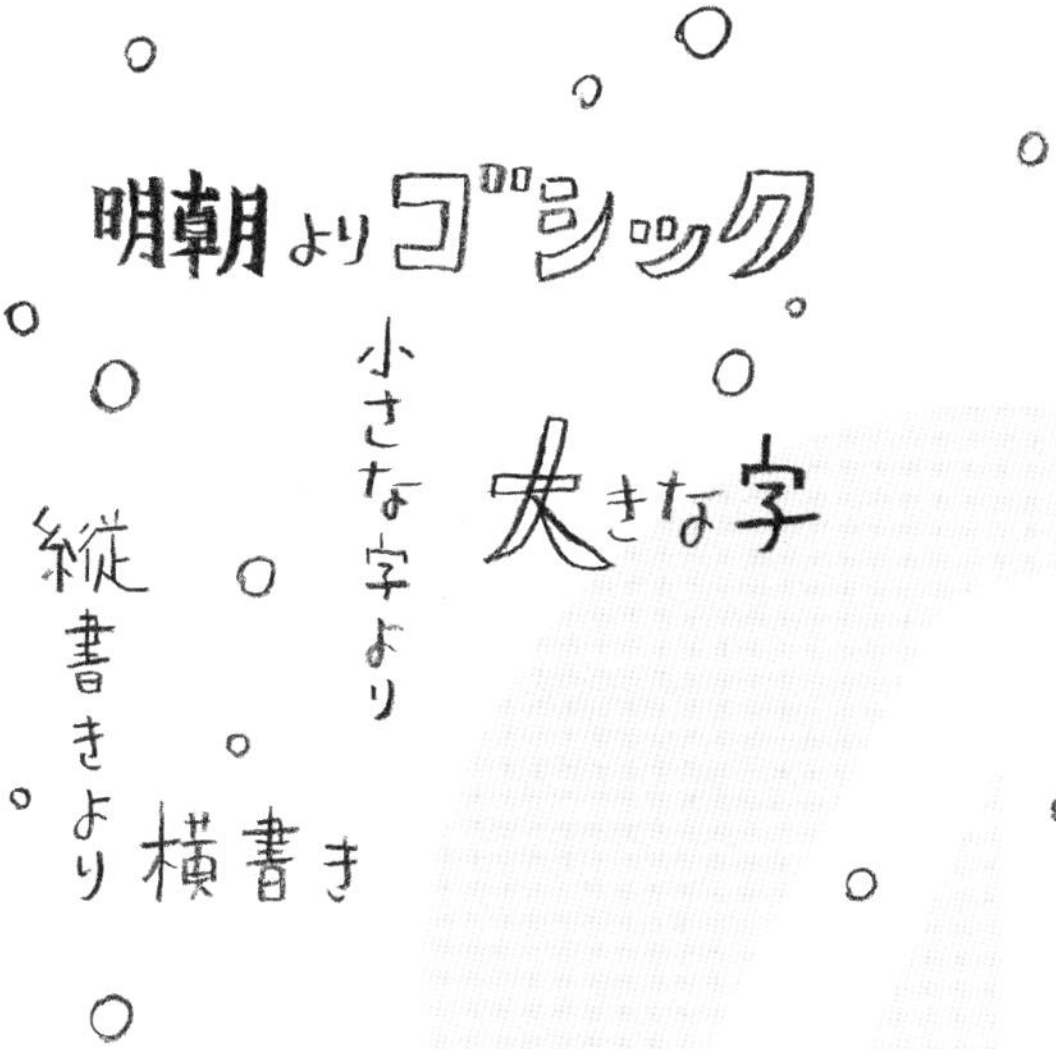
明朝よりゴシック
小さな字より
大きな字
縦書きより
横書き

自分に合った 高校を探《さが》しながら

ディスレクシアの自分と出会うまでの長い道のり

あなたが今開いているこの本を、海に潜《もぐ》って読んだらどう見えるでしょうか？

目の前をゆらゆらと漂《ただよ》う波のせいで、きっと文字はかすんでしまうでしょう。

「そんなこと言っても、水中で本なんか読むわけないし」と思う人もいるでしょう。

ところが、一九八四年生まれの南雲明彦《なぐもあきひこ》さんは、こう言っています。

「わたしの見え方は、たとえるならば、水中で読書をしている感覚に近いんです」

南雲さんは、小さなころから文字の読み書きが苦手で、そのためにたくさんのつらい体験をしてきました。どんなに一生けんめい見つめても、文字がかすみ、ゆがんで見えてしまうのです。

文字がゆがんで見える

南雲《なぐも》さんは視覚《しかく》に障害《しょうがい》があるわけではありません。南雲さんが直面してきた困難《こんなん》は、「ディスレクシア」(読み書き障害《しょうがい》)とよばれます。ディスレクシアは、ギリシャ語の「できない」(dys《ディス》)という言葉と「読む」(lexia《レクシア》)が複合《ふくごう》した単語です。読み書きに困難《こんなん》をもつ症状《しょうじょう》のことで、学習障害《しょうがい》（ＬＤ《エルディー》＝Learning《ラーニング》 Disabilities《ディスアビリティズ》）のひとつとされています（ドキュメント・ユニバーサルデザインシリーズ『もっと伝えたい』参照）。

じつは、わたしにはちょっとだけ南雲さんの気持ちがわかります。

三年前、右目の網膜《もうまく》の血管に血栓《けっせん》（血のかたまり）ができ、出血をくり返す病気にかかりました。レーザーの光を当てる治療《ちりょう》をしたり、眼球《がんきゅう》に注射《ちゅうしゃ》を打ったりして、出血の症状《しょうじょう》はおさまりました。

しかし、右目の視界《しかい》はぐにゃりとゆがんだままです。街中の大きな看板《かんばん》の文字なら読めますが、新聞や本の小さな字は判別《はんべつ》できません。

幸い左目は健康なので、日常《にちじょう》生活に支障《ししょう》はありませんでした。でも、読書をしているときの目の疲《つか》れは、病気になる前の二倍になりました。

もしも、左目も同じ病気になったら……。もう新聞記者の仕事を続けるのは難《むずか》しいでしょう。そう考えると不安で、落ちこんだ時期もありました。

だから、文字を読み書きするときに感じる南雲さんのつらさを、少しだけ実感をもって想像《そうぞう》することはできました。

おしゃべりが得意な人気者

南雲《なぐも》さんにインタビューしたのは、東京《とうきょう》都内のとある駅前の、おしゃれな雰囲気《ふんいき》が漂《ただよ》う喫茶店《きっさてん》でした。

厳《きび》しい残暑にもかかわらず、南雲さんはぴしっとスーツを着て現《あらわ》れました。二十四歳《さい》のイケメンの若者《わかもの》です。相手の目を見てしっかり話す態度《たいど》に、誠実《せいじつ》な人柄《ひとがら》がうかがえます。なによりも、少年のように澄《す》んだ瞳《ひとみ》が印象的です。

南雲さんは、新潟《にいがた》県湯沢《ゆざわ》町で生まれ育ちました。山とスキー場に囲まれ、自然に恵《めぐ》まれた環境《かんきょう》。一クラス十五人ほどの小さな小学校です。都会の学校とはちがい、先生と保《ほ》護者《ごしゃ》も全員友だちのようなもの。「先生も両親も大好きでした」と、南雲さんは話してくれました。

南雲さんが、読み書きは苦手だとはっきりと意識《いしき》したのは、四年生のときでした。内《ない》容《よう》が難《むずか》しくなってきた教科書やテストの問題を読むのがたいへんになりました。ノートをとっても、ます目から文字がはみ出てしまい、うまく書けませんでした。

先生の指示《しじ》もよく聞きまちがえました。三つ以上のことを一度に早口で言われてしまうと、頭が混乱《こんらん》してしまうのです。

授業《じゅぎょう》に必要なものを取ってくるよう先生に言われれば、教室のドアを開けて出て行くときにはちゃんと用件《ようけん》をおぼえています。でも、廊下《ろうか》で友だちと話をするたびに、つぎつぎと指示《しじ》を忘《わす》れてしまう。そんなことが何回もありました。

しかし、南雲さんはみんなを楽しませるおしゃべりが得意で、明るい性格《せいかく》です。クラスでは人気者、家庭に帰れば一家だんらんの場で、兄や妹を笑わせるような男の子でした。また、たとえ学校で勉強ができなくても、家で手伝《てつだ》いをすると評価《ひょうか》されるような、担任《たんにん》の先生たちと家庭が手を取り合って子どもを育てていく環境《かんきょう》だったこともあり、問題が深刻《しんこく》にならずにすんでいました。

中学に入ると学級委員長になり、生徒会活動にも積極的にかかわるようになりました。

「じつは、先生の指示《しじ》やほかの人の話をうまく聞くことが苦手だったので、先頭に立ってものを言えばいいこの役回りは、ほんとうに助かったんです」

南雲さんはこうふり返ります。学級でなにか決めるときも、司会進行役ですから、内容《ないよう》が理解《りかい》できなくても、みんなに問いかけることによって、なんとなく把握《はあく》できたのです。苦手なメモも、書記の人が書いてくれました。

しかし、教科書の字はますます小さく、見にくくなり、授業《じゅぎょう》を受けるのに極度の緊張《きんちょう》を強《し》いられるようになりました。先生から教科書を音読するよう指名されるのがこわくて、いつも手に汗《あせ》を握《にぎ》っていたそうです。席は前のほうに座《すわ》り、先生の目をじーっと見るよう心がけました。

「前の列は、意外と先生から死角になるんですよ。真剣《しんけん》なまなざしを向けていたので、『南雲はちゃんと話を聞いているな』と先生は思ったはずです」

とくに苦手だったのは、自習の時間でした。先生が見守るなか、みんなは黙々《もくもく》と本を読んだり、ノートに字を書いたりしていきますが、南雲さんはどちらも苦手です。「ばれたらどうしよう」と内心ひやひやしながら、読み書きするふりをして、周囲の目をごまかしたことが何度もありました。

うまく読み書きできないのは、目の病気のせいかもしれないと思い、眼科《がんか》を受診《じゅしん》したこともありました。しかし、先生の診断《しんだん》は「目には問題ないよ」というものでした。

「みんなは頭の中のノートに記憶《きおく》もっと努力しているはず」

そんななかで南雲《なぐも》さんが編《あ》み出したのが、耳と目で学習する方法です。先生の話に全《ぜん》神経《しんけい》を集中して、大事だと思うことは必死に記憶《きおく》しました。ノートに書けない分、「頭の中のノート」に記したのです。ものすごい集中力が必要な作業です。一日の授業《じゅぎょう》が終わると、全身がぐったりするほど疲《つか》れ切っていました。

南雲さんが頭を悩《なや》ませていたことがもう一つあります。聴覚過敏《ちょうかくかびん》です(ドキュメント・ユニバーサルデザインシリーズ『五感の力でバリアをこえる』参照)。

たとえばテストのとき、友だちが回答を書くえんぴつの音や、問題用紙を裏返《うらがえ》す音が気になってしかたありません。集中しようとすればするほど、その音をうるさく感じてしまうのです。実際《じっさい》に、インタビューした喫茶店《きっさてん》は、わたしは静かだと感じましたが、南雲さんはそれほど静かではないと感じたそうです。

友だちに「この音、うるさいね」と言って「えっ、なんの音？」という反応《はんのう》をされたことが何度もありました。先生に「まわりがうるさいんです」と訴《うった》えたこともあります。

「こんなにうるさい中で、先生の指示《しじ》を聞き分けられるみんなは、きっとものすごく神経《しんけい》をとぎすませて聞き取ろうと努力しているんだな」

当時の南雲さんは、そう思っていたそうです。

「田舎《いなか》だったので、川の流れる音や、雪が積もる音を聞いては、おだやかな気持ちになりましたが」

「頭のノート」に記憶《きおく》する勉強法が功《こう》を奏《そう》して、中学まではテストの成績《せいせき》も悪くありませんでした。それでも「どうして自分はみんなより読み書きが遅《おそ》いのだろう」という疑問《ぎもん》はぬぐえませんでした。「怠《なま》けているはずはないのに」と、心のどこかで思いながら……。

燃《も》えつきてしまったように不登校に

「テストの問題が読めるのだろうか」と、受験に不安をかかえながらも、高校は県立の進学校へ入りました。

高校でも友だちに恵《めぐ》まれましたが、ノートを取らない南雲《なぐも》さんの勉強スタイルでは、徐々《じょじょ》に授業《じゅぎょう》についていけなくなりました。とくに英語は大の苦手で、板書を書き写すのに何度もスペリングを誤《あやま》り、先生に指名されても読みまちがえるくり返しでした。読み書きが苦手なことを悟《さと》られないよう、最初は笑いを取ってごまかしていました。

しかし、二年生になり、まわりが受験モードに入っていくと、そんな〝作戦〟も通用しなくなりました。ノートをコピーさせてくれるなどして助けてくれた友人も減《へ》りました。けっしていじわるをしているのではなく、受験で他人にかまっている余裕《よゆう》がなくなったのです。

部活はテニス部に入っていましたが、なかなかルールがおぼえられませんでした。自分が審判《しんぱん》のときには、ばかにされているような空気を感じるようになりました。もちろん、それをまわりの人に悟《さと》られないように、必死で平然を装《よそお》っていました。

「みんなができることが、どうして自分だけできないのだろう。これまで努力を怠《おこた》ってきたツケが回ってきたのだろうか」

けっして努力不足が原因《げんいん》ではないのに、読み書きが苦手な原因《げんいん》がわからないため、南雲さんは自分自身を責《せ》めるようになっていきました。人あたりがよく、話し好きな性格《せいかく》も災《わざわ》いしました。

たとえ「ぼくは文字を読み書きすることが苦手なんだ」と打ち明けても、「そんなにしゃべれるのに、なに冗談《じょうだん》を言っているんだ」と相手にされなかったでしょう。そもそもL《エル》D《ディー》についての知識《ちしき》をもっている人は、当時、南雲さんのまわりにいなかったのです。

学校が終わると、疲労困憊《ひろうこんぱい》して、精《せい》も根も尽《つ》き果てる日々が続きました。しだいに人と目を合わせるのがこわくなっていきました。二年生の秋、ついに不登校になりました。友だちからいじめられたわけでも、先生からひどい仕打ちを受けたわけでもありません。「なにがつらいのか、自分でもわかりませんでした。まるで燃《も》えつきてしまったかのように、なにをする気力もなくなりました。毎日ふとんをかぶり、『なんで学校へ行けないのだろう』と考え続けました」

しかし、答えはいっこうに見つかりませんでした。

手を洗《あら》い続けるつらい日々

LD《エルディー》など、もって生まれた障害《しょうがい》を「一次障害《しょうがい》」というのに対して、周囲の無理解《むりかい》や誤解《ごかい》などによって失敗体験が重なり、自尊心《じそんしん》が低下して起きるさまざまな症状《しょうじょう》を「二次的障害《しょうがい》」といいます（100ページ参照）。具体的には、夜尿《やにょう》やチックなどの神経症的症《しんけいしょうてきしょう》状《じょう》、不安や抑《よく》うつなどの情緒的症状《じょうちょてきしょうじょう》、反抗《はんこう》や非行《ひこう》などの問題行動、不登校などです。

出席日数をクリアするために、保健室《ほけんしつ》で試験を受けたり、わずかな日数だけ授業《じゅぎょう》に参加したりして、高校二年生を終了《しゅうりょう》し、定時制《ていじせい》高校に転入《てんにゅう》することになりました。なんとか高校を卒業したいという思いが強かったからです。

南雲《なぐも》さんの行った定時制《ていじせい》高校は昼間の部があり、通常《つうじょう》より時間が短いということもあり、勉強も体の負担《ふたん》も少なくて、通えるだろうと考えました。

しかし、一学期で再《ふたた》び不登校になりました。「焦《あせ》りすぎていたんですね」と、南雲さんはふり返ります。

このころから、南雲さんは「強迫性障害《きょうはくせいしょうがい》」という症状《しょうじょう》に悩《なや》まされるようになります。いつでも手が汚《よご》れているという強迫観念《きょうはくかんねん》におそわれ、一日に何度も何度も手を洗《あら》うという状態《じょうたい》になってしまったのです。

階段《かいだん》の手すりに触《ふ》れただけでも、ものすごく手が汚《よご》れてしまったように感じてしまう。頭では、まったく汚《よご》れがない部屋なんて無菌室《むきんしつ》くらいしかないとはわかっているのです。にもかかわらず、手を洗《あら》わずにはいられず、何百回も手洗《てあら》いをくり返します。「自分は汚《よご》れている！」と泣《な》き叫《さけ》ぶこともありました。手は、見る間にがさがさに荒《あ》れていきました。

食事のときも、食べ物や食器にさわるたび、せっけんで手を洗《あら》い直します。どんなにおいしいものを食べても気が休まることはなく、気が遠くなるほどの手洗《てあら》いをくり返してなんとか食べ終わるころには、心身ともにぐったりと疲《つか》れてしまいました。

「こんなふうになったのは、自分が一生けんめい勉強せずに怠《なま》けてきたからだ」と自分を責《せ》め、自傷行為《じしょうこうい》もしました。拳《こぶし》から血が出ても、何度も何度も部屋の壁《かべ》を殴《なぐ》り続けました。走っている車から飛び降《お》りたこともありました。そうして自分自身を傷《きず》つけることによってしか、生きている実感がわからなくなってしまったのです。

親はやさしく見守ってくれていましたが、追いつめられた南雲さんは、自分で精神科《せいしんか》の病院への入院を決めました。それまでも、まわりの人に見られないよう、車の中に身を潜《ひそ》めながら、通院していました。

ところが、入院した病院でもつらいことが続き、ひと月で退院《たいいん》。その後、別の病院に入院しましたが、また一か月もたつと、「ここにいてもなにも変わらない。なにかアクションを起こさなければ」という焦《あせ》りがつのってきました。

「今の環境《かんきょう》がよすぎるから、自分は甘《あま》えてしまうのではないか……」

そう考えた南雲さんは、両親のもとを離《はな》れ、東京《とうきょう》で一人暮《ぐ》らしをすることを決意しました。

「自分を追いつめないといけないと思ったんです。ぼくにとっても、親にとっても、大きな賭《か》けでした」

何度も書き直した契約書《けいやくしょ》や履歴書《りれきしょ》

一人暮《ぐ》らしを始めてみると、自分のように読み書きが苦手な人にとって、いかに社会が過《す》ごしにくい環境《かんきょう》にあるかを痛感《つうかん》することになりました。住む場所が決まると、不動産屋さんと契約書《けいやくしょ》などの書類を交わさなければなりませんが、書きまちがいが多いため、何度も何度も下書きをくり返さなければなりません。

銀行に口座《こうざ》を開くにも書類が、アルバイトをするには履歴書《りれきしょ》が必要です。「今まで本を読まず、書くことがきらいだったツケが回ってきたんだ」と南雲《なぐも》さんはまた自分を責《せ》めました。ほんとうはディスレクシアが原因《げんいん》で、けっして本人の努力不足のためではありません。しかし、当時の南雲さんは、自分の障害《しょうがい》に気づいていなかったのです。

全日制《ぜんにちせい》、定時制《ていじせい》とも不登校になった南雲さんが次に選んだのは、通信制《つうしんせい》の高校でした。通信制《つうしんせい》は自宅《じたく》での自習やリポートの提出《ていしゅつ》が中心となるため、人と会うのがつらくてもやっていけると思ったのです。

一人の生活では時間やカリキュラムの管理が難《むずか》しくなり、単位取得が進まなくなるかもしれないと考え、サポート校にも入りました。

サポート校は通信制《つうしんせい》高校の生徒が登校して、高校へ提出《ていしゅつ》するリポートの書き方をアドバイスしてもらったり、心の面でのサポートも受けたりする民間の教育機関です。制度《せいど》上《じょう》は学校教育法で定められた「学校」ではなく、無認可《むにんか》の私塾《しじゅく》ですが、不登校や中退《ちゅうたい》などを経験《けいけん》して通信制高校《つうしんせい》を選ぶ生徒が増加《ぞうか》するのにともなって、数も増《ふ》えています。中には基準服《きじゅんふく》（制服《せいふく》）やクラブ活動もあり、かぎりなく学校に近いところもあります。

南雲さんが学んだ通信制《つうしんせい》高校では、学習内容《ないよう》にわからないところがあると、質問書《しつもんしょ》に記入してファクシミリで送信するという方式を取っていました。書くのが苦手な南雲さんは、「学校に行ったり、電話で質問《しつもん》したりしたほうが楽なのに」と思い、こうした勉強方法に少しずつ負担《ふたん》を感じるようになっていきました。しかし、人と会うことがこわくて、学校にも行けない状況《じょうきょう》でした。

人あたりのよさが諸刃《もろは》の刃《やいば》に

南雲《なぐも》さんは同時に、アルバイトも始めました。しかし、ここでも読み書きが苦手だという特性《とくせい》が、大きな壁《かべ》となって立ちふさがったのです。

ホテルのウェーター、英会話学校の営業《えいぎょう》、そして工場。いろいろな仕事を経験《けいけん》しましたが、どこでも悩《なや》まされたのが、仕事の内容《ないよう》を細かい文字で記した「マニュアル」の存《そん》在《ざい》でした。

同時にいろいろなことを言われると、頭が混乱《こんらん》してしまうので、仕事上の指示《しじ》を聞くのも苦手でした。そこで考えついたのが、携帯電話《けいたい》にメモして頭を整理する方法です。文字を書くのは苦手でも、携帯《けいたい》を打つのは楽です。しかし、せっかくの妙案《みょうあん》も、上司《じょうし》には、話を聞かずに携帯《けいたい》に興《きょう》じているように見えてしまい、うまくいきませんでした。

さわやかなその外見も、諸刃《もろは》の刃《やいば》になってしまいました。面接《めんせつ》では、人あたりのよい話しぶりが面接官《めんせつかん》に好印象を与《あた》えました。それだけに仕事でつまずくと、相手の落胆《らくたん》が倍になって返ってくるのです。

「口だけか」「バカにしているのか」「ぜんぜん努力しないね」

そんなきつい言葉を浴《あ》びせられたこともありました。

何度も手を洗《あら》う強迫性障害《きょうはくせいしょうがい》が再《ふたた》び始まりました。人と目を合わせるのがこわくなり、家からも出られなくなって、昼と夜が逆転《ぎゃくてん》した生活を送るようになりました。心配した親に、故郷《こきょう》の新潟《にいがた》へ連れもどされ、通信制《つうしんせい》高校もやめました。なによりも、体調をもどすのが優先《ゆうせん》でした。

「つらいときは人に頼《たよ》ろう」

しかし三か月後、南雲《なぐも》さんは再《ふたた》び上京することになります。きっかけは、保育士《ほいくし》をしている母親の知り合いの、女性《じょせい》カウンセラーのアドバイスでした。

その人は、里親《さとおや》として、無償《むしょう》でたくさんの子どもを見てきた人でした。

「このまま家にいたら、この子はダメになる。賭《か》けかもしれないけれど、もう一度東《とう》京《きょう》へ出しなさい」

南雲さんを見るなり、母親にそう助言したそうです。

二回目の東京《とうきょう》暮《ぐ》らしは、その女性《じょせい》カウンセラーの家の近くにあるアパートで送りました。食事の面倒《めんどう》も見てくれました。

「一日一回は、わたしの家へ顔を出しなさい。それができなければ、連絡《れんらく》だけでもしなさい。そうしないと、だれもあなたの気持ちをわかってくれないよ」

という言葉が、胸《むね》の奥《おく》にしみました。

南雲さんも考えを変えました。それまでは、読み書きができないんだと、他人に助けを求めることは、勉強を教えてくれた先生や親に申し訳《わけ》ないことだと思っていました。しかし、つらいときは人に頼《たよ》ろうと思ったのです。

あいかわらず昼夜逆転《ぎゃくてん》の生活が続きましたが、行きつけの店で、自分を助けてくれる大人たちに出会いました。ほとんどは三十〜四十歳代《さいだい》の一人客で、一人で来ている若《わか》い青年に興味《きょうみ》をもったのでしょう。南雲さんは、個性的《こせいてき》な職業《しょくぎょう》の人びととの会話を通して、ときには説教もされ、大人とのコミュニケーションのとり方や、社会での礼儀《れいぎ》も身につけていきました。

少しずつ起きる時間も早くなり、テレビで主婦《しゅふ》向けのワイドショーを見ては、こういうトークは他人との会話でも使えるな、と研究しました。

やっと見つけた高校

少しずつ体調も回復《かいふく》してきたある日のこと。たまたま入ったマンガ喫茶《きっさ》で、「美川《みかわ》特区アットマーク国際《こくさい》高校」の文字が目に飛びこんできました。

「登校スクーリング日数、日本最少！」

「定期テストはなく、毎日の学習の成果は『成果物』で発揮《はっき》」

「日本・アメリカ両国の高校卒業資格《しかく》を取得」

「なんだ、この高校は」という驚《おどろ》きが、「やった、これなら自分にもできるかもしれない」という喜びに変わっていきました。まるで目の前の霧《きり》が晴れていくようでした。

美川《みかわ》特区アットマーク国際《こくさい》高校は、二〇〇四年秋に開校した、インターネットを活用した通信制《つうしんせい》高校です。石川《いしかわ》県美川《みかわ》町（現在《げんざい》は白山《はくさん》市）の「美川《みかわ》サイバータウン教育」が、「構造改革《こうぞうかいかく》特区」（5、79ページ参照）として認定《にんてい》されました。そのため、インターネットを使った通信教育で、不登校生徒などの学習支援《しえん》をしていた株式《かぶしき》会社である「アットマーク・ラーニング」が、学校を経営《けいえい》することが可能《かのう》になったのです。

アットマーク国際《こくさい》高校の特色は、「学習コーチング」という教え方にあります。教師《きょうし》が指導者《しどうしゃ》となって生徒に教えこみ、結果を重視《じゅうし》する「ティーチング」に対して、「コーチング」では、教師《きょうし》と子どもの関係は対等です。教師《きょうし》は子どもの支援者《しえんしゃ》となり、答えを見つけるプロセスを重視《じゅうし》します。コーチングを学習に導入《どうにゅう》することにより、みずから考え行動する子どもが育つ、と同校では説明しています。

短期記憶《きおく》が得意でなく、教えられた答えをやみくもに暗記するのは苦手な南雲さんにとって、コーチングという手法がぴたりとはまりました。「じゃあどうしたらいい？」と常《つね》に問いかけられ、自分の中にしかない答えを探《さが》していきます。こうしたやりとりをくり返すことによって、南雲さんも自信をもてるようになりました。

「それってぼくのことじゃないですか！」

自分に合った高校に、やっとめぐりあった南雲《なぐも》さん。しかし、「高校を卒業しても、自分になにができるのだろうか」という不安がありました。さまざまなアルバイトでつらい体験を重ねてきたからです。

悩《なや》んだ結果、まずボランティアを体験して、いろいろな職場《しょくば》を見てみようと思い、高校のコーチに相談《そうだん》しました。すると、港区《みなと》のNPO《エヌピーオー》（特定非営利《ひえいり》活動）法人《ほうじん》「EDGE《エッジ》（Extraordinary《エクストローディナリー》 Dyslexic《ディスレクシック》 Gifted《ギフティッド》 Eclectic《エクレクティック》）」（以下「エッジ」）を紹介《しょうかい》してくれました。

エッジをはじめて訪《おとず》れた日のことは、今でもはっきりおぼえています。南雲さんにとっては、人生が大きく変わった、記念すべき日になったからです。

緊張《きんちょう》した面《おも》もちで、会長の藤堂栄子《とうどうえいこ》さんの前に座《すわ》った南雲さんは「ここはどのような活動をしているのですか」とたずねました。藤堂さんが答えました。

「ディスレクシアに対する正しい理解《りかい》と、きめ細かい教育的支援《しえん》を広げてゆくNPO《エヌピーオー》です。ディスレクシアっていうのは、文字が見えづらくてじょうずに読めないこと。書くときもます目からはみ出してしまい、書きまちがいも多いことなどが特徴《とくちょう》で……」

「それってぼくのことじゃないですか！　全部あてはまりますよ！」

南雲さんは心の中で叫《さけ》んでいました。長年悩《なや》まされ続け、「怠《なま》けているのでは」と自分を責《せ》め続けてきた症状《しょうじょう》が、けっして努力不足などではなく、ディスレクシアという学習障害《しょうがい》が原因《げんいん》だとわかった瞬間《しゅんかん》でした。

さらに、彫刻家《ちょうこくか》のオーギュスト・ロダンや俳優《はいゆう》のトム・クルーズなど、歴史上の偉人《いじん》や有名人の中にもディスレクシアがたくさんいるとも聞き、「自分一人じゃないんだ」と心強く思いました。

「これはなんとかなるかもしれないぞ」と、目の前が明るくなりました。まだ三年前、南雲さんが二十一歳《さい》のときのできごとです。

「天才はとんがっているから」イギリスでサポートを受けた息子《むすこ》

藤堂《とうどう》さんがエッジを設立《せつりつ》したのは二〇〇〇年です。きっかけは、息子《むすこ》の高直《たかなお》さんがディスレクシアだとわかったことでした。じつは、藤堂さん自身も、その母親も、ディスレクシアだといいます。

高直さんは、南雲《なぐも》さんと同じように、読み書きが苦手な子どもでした。漢字をなかなかおぼえられず、板書をノートすると書きまちがいが多く、一度に出された先生の指示《しじ》を聞くのも苦手でした。藤堂さんは学校の先生に、「そういう子だから理解《りかい》して配慮《はいりょ》してほしい」と何度もお願いしました。しかし、テスト中に先生の言葉を聞き取れず、「今、先生なんて言ったの」と問い返すだけでカンニングと見なされるなど、学校との溝《みぞ》はなかなか埋《う》まりませんでした。

藤堂さんは高直さんに『天才たちは学校がきらいだった』(トマス・G《ジー》・ウェスト著《ちょ》)を読み聞かせては、「天才はとんがっているから、世間から受け入れられないのよ」と話していました。じつは、その本では、ディスレクシアのことにもふれているのですが、「天才という言葉にばかり目が向いて、息子《むすこ》がディスレクシアかもしれないとは気づかなかった」と藤堂さんはふり返ります。

高直さんは中学卒業後、イギリスへ留学《りゅうがく》します。学校の先生は、語彙力《ごいりょく》は豊富《ほうふ》なのに読み書きが苦手な高直さんを見て、「少し調べさせてほしい。彼《かれ》のいいところも見つけられるし、サポートもできるようになるから」と言いました。

検査《けんさ》の結果、高直さんはディスレクシアと診断《しんだん》されました。

「先生から『おめでとう』と言われてとまどいました。よく聞くと、特別なサービスが受けられるから、そういう言い方をするんです。ディスレクシアをサポートする法律《ほうりつ》があり、そうした子のニーズに沿《そ》った教育をしないと訴《うった》えられてしまうイギリスと、日本とのちがいを痛感《つうかん》しました」と藤堂さんは話します。

サポートとしては、テストの時間はほかの子より長く取ることができたり、周囲の音に敏感《びんかん》な場合は別室で受けることもできます。筆記試験を口頭試問に変更《へんこう》できたり、スペリングのまちがいは減点《げんてん》対象になりません。

授業《じゅぎょう》でも無理に文字を書くことを強制《きょうせい》されず、パソコンなどを使うことができます。大学入学の資格《しかく》試験（A《エー》レベルテスト）は、三～四科目で、しかも苦手な数学や英語は、必須《ひっす》ではありません。

日本ではＬＤ《エルディー》（ディスレクシア）と注意欠陥《ちゅういけっかん》・多動性障害《たどうせいしょうがい》（ＡＤＨＤ《エーディーエイチディー》）、高機能自《こうきのうじ》閉症《へいしょう》などへのサポートは、発達障害《はったつしょうがい》として、特別支援《しえん》教育で「ひとくくり」になっています。しかし、イギリスでは、ディスレクシアとＡＤＨＤ《エーディーエイチディー》、高機能自閉症《こうきのうじへいしょう》はまったく別のサポートがとられているのも大きなちがいでした。

「もっとつらい人たちのためになにか」息子《むすこ》の言葉がきっかけに

高直《たかなお》さんは、イギリスで建築専門《けんちくせんもん》のディプロマコース（大学一年次課程《かてい》）を終了《しゅうりょう》しました。現在《げんざい》はフランスの建築事務所《けんちくじむしょ》で建築家《けんちくか》として活躍《かつやく》しています。ディスレクシアは空間認知《にんち》の能力《のうりょく》にすぐれていて、スペインの建築家《けんちくか》アントニオ・ガウディをはじめ、建《けん》築《ちく》関係の仕事で才能《さいのう》を発揮《はっき》する人が多いのも一つの特徴《とくちょう》です。

藤堂《とうどう》さんは、小さいころからものを作ることが好きだった高直さんを見て、さりげなく建築《けんちく》方面への道をすすめてきました。発明家や哲学者《てつがくしゃ》、ゲームデザイナーなどにあこがれていた高直さんも、藤堂さんに連れられてユニークな建築《けんちく》を見て回るうちに、自然と建築家《けんちくか》への道を志《こころざ》すようになっていったそうです。

高直さんはディスレクシアとわかった日のことについて、「ショックだったのと同時に、すごくほっとした」と藤堂さんに語ったことがあります。南雲《なぐも》さんの場合もそうですが、読み書き以外の勉強はできるディスレクシアの人の多くは、まわりから「なぜできないんだ」「怠《なま》けている」と言われ続け、自己肯定感《じここうていかん》をもてずにいます。高直さんは、同じような特性《とくせい》をもつ母親がいて、ほかの人にくらべたら理解《りかい》されて育っていたと思います。しかし、原因《げんいん》がはっきりとわかったことで、ある種の安堵感《あんどかん》をおぼえたのかもしれません。

「小学校のクラスには、今思えばぼくのほかにもディスレクシアの子がいたよね。ぼくなんてまだいいほうなのに、自分がこれだけつらかったのだから、もっとつらい思いをしている人がたくさんいるはず。そういう人たちのために、なにかできないかなあ」

高直さんのそんな言葉が、藤堂さんにエッジを設立《せつりつ》するきっかけを与《あた》えたのです。

行政《ぎょうせい》と協働《きょうどう》して学習支援員《しえんいん》を養成《ようせい》・派遣《はけん》

藤堂《とうどう》さんは小学五年から高校一年まで、イタリアやベルギーで過《す》ごした経験《けいけん》をもつ帰《き》国子女《こくしじょ》です。語学力を生かして、はじめはホームページを開設《かいせつ》し、ディスレクシアに関する海外の情報《じょうほう》を訳《やく》しては紹介《しょうかい》していました。

エッジを設立《せつりつ》してからは、句読点《くとうてん》のない平仮名《ひらがな》だけの文を読んだり、雑音《ざつおん》の中、テープから流れる早口の教師《きょうし》の声を聞き取ったりするなど、LD《エルディー》疑似《ぎじ》体験の講座《こうざ》などを通して、ディスレクシアの啓発《けいはつ》活動に力を入れています。

二〇〇五年秋からは地元の港区《みなと》と協働《きょうどう》して「港区《みなと》特別支援《しえん》教育　個別支援室《こべつしえんしつ》」を開設《かいせつ》し、発達障害《はったつしょうがい》の関係者や教師《きょうし》の相談にあたっています。また、区内の小中学校の教室で担任《たんにん》の先生と協力して、発達障害《はったつしょうがい》の子の学習を支援《しえん》する学習支援員《しえんいん》（ラーニング・サポート・アシスタント）の養成《ようせい》に力を注いでいます。

学習支援員《しえんいん》になれるのは十八歳《さい》以上の健康な人で、教員免許《めんきょ》の有無は問われませんが、十四日間にわたる講座《こうざ》を受ける必要があります。現在《げんざい》約二百人の学習支援員《しえんいん》がいます。

学習支援員《しえんいん》は発達障害《はったつしょうがい》の子だけでなく、まわりの子にも目を配ります。担任《たんにん》の先生にとっては、授業《じゅぎょう》の補助役《ほじょやく》が入ることによって、よりきめ細かい指導《しどう》ができるようになります。また、学習支援員《しえんいん》の行動を見た担任《たんにん》やクラスメートが「この子にはこう接《せっ》すればいいんだ」「こんな配慮《はいりょ》をすればいいんだ」と、自然と学んでいくことができます。

その結果、クラス全体の環境《かんきょう》がやわらかくなったそうです。

「発達障害《しょうがい》の子に適切《てきせつ》なサポートが行われ、落ち着いて授業《じゅぎょう》を受けられるようになると、クラス全体の学力も上がっていくのがわかりました」

学習支援員《しえんいん》の派遣《はけん》を通して、藤堂さんはそう確信《かくしん》したそうです。

支援員《しえんいん》の目標は、支援《しえん》している対象の児童が、自立して学校生活をいきいきと過《す》ごせるようになることです。現在《げんざい》は、約二年で、支援員《しえんいん》がいなくてもよい状態《じょうたい》になるケースが多くなっています。

かえって発達障害《しょうがい》の子が差別されるきっかけになってしまうのでないかと心配していた保護者《ほごしゃ》も、今は教育サービスの一環《いっかん》と考えるようになるまでに制度《せいど》は認知《にんち》されています。

つらい体験をする子を減《へ》らしたい

エッジ、そして藤堂《とうどう》さんと出会い、自分がディスレクシアだと知った南雲《なぐも》さんは「自分のようなつらい体験をする子どもたちを減《へ》らしたい」という思いから、学習支援員《しえんいん》の講習《こうしゅう》を受け、区内の小学校に派遣《はけん》されました。しかし、結果として学習支援員《しえんいん》の仕事は打ち切らざるをえませんでした。

一生けんめいな南雲さんは、その子に感情移入《かんじょういにゅう》しすぎてしまったり、教室にいると、つらく苦しかった学校時代の思い出がつぎつぎとよみがえってきたりしました。再《ふたた》び精神《せいしん》が不安定になり、強迫性障害《きょうはくせいしょうがい》の症状《しょうじょう》が出てきました。

藤堂さんはこう話します。

「南雲君は人にいい印象を与《あた》えようとして、自分で問題をかかえこみすぎてしまう。まじめな性格《せいかく》だけに、がんばりすぎてしまうから」

当初、藤堂さんは南雲さんを心配して、「ベテランの学習支援員《しえんいん》といっしょに、週二回ぐらいから始めようよ」と提案《ていあん》しました。しかし、がんばり屋の南雲さんは、毎日働いてしまったのです。藤堂さんはこう話してくれました。

「年齢《ねんれい》は二十代半ばにさしかかっているけれど、引きこもっていた時期があったから、まだ思春期の渦中《かちゅう》から抜《ぬ》けきっていないのでしょう。精神《せいしん》がやわらかく、傷《きず》つきやすいところを忘《わす》れて突《つ》っ走ってしまう。まだまだ見守りが必要なんです」

「補《おぎな》う」ぐらいがちょうどいい

一人でも多くの人にディスレクシアのことを正しく理解《りかい》してもらおうと、南雲《なぐも》さんは講演《こうえん》の依頼《いらい》があれば積極的に受け、自身の体験を話しています。南雲さんを見た発達障害《しょうがい》の子が「自分はあの人といっしょかもしれない」と思うだけでも、人前で話す意《い》義《ぎ》はあると考えています。

「自分の学校時代にそういう支援《しえん》があったらどうだったか？　そうですね。発達障害《しょうがい》の子一人ひとりの教育ニーズに沿《そ》った支援《しえん》を行う特別支援《しえん》教育の動きは歓迎《かんげい》すべきことです。でも、もし、いつも支援《しえん》を受けてばかりというのでは疲《つか》れてしまいます。困《こま》っているときは助けてあげるよ、というくらいの気持ちのほうがいいのかもしれません。『教える』というよりも『補《おぎな》う』という感じかな」

「今までの苦しい体験もふくめて南雲明彦《なぐもあきひこ》である」

胸《むね》を張《は》ってそう言い切る南雲さんに、修羅場《しゅらば》をくぐり抜《ぬ》けてきた強さを感じます。藤堂《とうどう》さんが言うように、がんばりすぎてしまうのは心配ですが、南雲さんのような当事者が声を上げることによって、きっと社会は変わっていくでしょう。

自然なサポートがあたりまえの社会に

小さな字より大きな字、明朝体《みんちょうたい》よりゴシック体、縦書《たてが》きより横書き、一行の字数は少なく、行間は広く。ディスレクシアの人は、そうしたくふうで文章が読みやすくなります。みなさんのまわりに読み書きが苦手な子がいたら、まずこうした配慮《はいりょ》をしてあげてください。

パソコンの画面に表示《ひょうじ》された文章や画像《がぞう》などといっしょに音声が読み上げてくれる「マルチメディアDAISY《デイジー》」というシステムも少しずつ普及《ふきゅう》しています。

こうした手立てがあることを、先生やその子が知らなかったら、ぜひ教えてあげてください。字を書くのが苦手でも、今はパソコンや携帯《けいたい》電話で文章を作る時代です。

だれもがディスレクシアをふくめた学習障害《しょうがい》や、発達障害《しょうがい》のことを正しく理解《りかい》し、そうした子を自然にサポートするのがあたりまえになる。

そんな学校ができるかどうかは、大人が努力を続けなくてはいけません。そして、これからの社会をになっていく、みなさんの手にもかかっています。藤堂《とうどう》さんは話します。

「エッジの究極の目的は、エッジがなくなることです」

コラム

「ディスレクシアの特徴《とくちょう》」

日本では対応《たいおう》に遅《おく》れ

エッジが発行している小冊子《しょうさっし》「キミはキミのままでいい」（品川裕香編著《しながわゆかへんちょ》）などによると、個人差《こじんさ》はあるものの、ディスレクシアの代表的な特徴《とくちょう》として次の例があげられます。

・長い文章を正確《せいかく》に速く読むことが困難《こんなん》、音読が遅《おそ》い
・文中に出てきた語句《ごく》や行を抜《ぬ》かしたり、くり返し読んだりする
・「はし」を「ほし」と読み書きするなど、字の形を混同《こんどう》する
・一字一字は読めても、文意を取るのが難《むずか》しい
・個別《こべつ》に言われると聞き取れるが、集団《しゅうだん》の場面では難《むずか》しい
・視覚的《しかくてき》短期記憶《きおく》が悪い（見てもすぐ忘《わす》れる→板書が苦手）
・聴覚的《ちょうかくてき》短期記憶《きおく》が悪い（聞いてもすぐ忘《わす》れる→言われたことがすべてできない）
・計算はできるのに、図形や文章題が苦手（反対に、計算や文章題が苦手で、図形や証明《しょうめい》

が得意）

欧米《おうべい》、とくに英語圏《えいごけん》でのディスレクシアの発現率《はつげんりつ》は一〇パーセント以上といわれ、一九七〇年代から評価《ひょうか》方法や支援《しえん》方法など、社会での受け入れ体制《たいせい》と法律《ほうりつ》の整備《せいび》が行われてきました。

日本では、ディスレクシアの人がどれくらいいるかについて、これまでに厳密《げんみつ》な調査《ちょうさ》は行われていません。

文部科学省《もんぶかがくしょう》が二〇〇二年、小中学校にいる約四万人の児童生徒を対象に、学習面・行動面に著《いちじる》しい困難《こんなん》をもつ子がいるかを担任教師《たんにんきょうし》に聞いたところでは、四・五パーセントがL《エル》D《ディー》である可能性《かのうせい》が高いとの結果も出ました。

NPO《エヌピーオー》法人EDGE《エッジ》の藤堂栄子《とうどうえいこ》さんの息子《むすこ》さんの高直《たかなお》さんが、留学《りゅうがく》先のイギリスで受けたような対応《たいおう》を整えているのは、日本ではまだ少数の自治体だけです。

まずディスレクシアを正しく理解《りかい》し、その特性《とくせい》に合った支援《しえん》をしていける体制《たいせい》が求められています。

居心地《いごこち》のいい学校を つくっていこう

新しい取り組みと先輩《せんぱい》たちのメッセージ

なぜ目の見える子が？盲学校《もうがっこう》での教育相談

新緑がまぶしい北海道旭川市《ほっかいどうあさひかわし》を訪《おとず》れたのは、二〇〇八年五月のことでした。旭川《あさひかわ》といえば、ペンギンの散歩など、動物の行動展示《てんじ》ですっかり有名になった、旭山《あさひやま》動物園がありますね。

しかし、わたしが訪《おとず》れたのは、市内の中心部にある「北海道旭川盲学校《ほっかいどうあさひかわもうがっこう》」です。日本でもっとも北にある盲学校《もうがっこう》で、全盲《ぜんもう》や弱視《じゃくし》の子どもの教育を行っています。

教室では、小学二年生の男の子と女性教師《じょせいきょうし》が、机《つくえ》をはさんで向かい合っていました。机《つくえ》の上には、たくさんの図形が重なって描《えが》かれたドリルが広げられています。

「三角」「ひし形」――。先生が指示《しじ》を出すと、男の子は読み上げられた図形を、重なって描《えが》かれた図形の中から見つけて、つぎつぎと色えんぴつで塗《ぬ》りつぶしていきました。

この男の子は、視覚《しかく》に不自由はありません。なぜ、盲学校《もうがっこう》で勉強しているのでしょうか。

好きなアニメやゲームの話も間にはさみながら、〝授業《じゅぎょう》〟はなごやかな雰囲気《ふんいき》で進みます。教室の後方では、この男の子の母親が、二人のやり取りを静かな表情《ひょうじょう》で見守っています。

男の子には、知的な遅《おく》れは認《みと》められません。算数も大好きです。しかし、国語の読み書きだけが苦手なのです。

そう、第四章で紹介《しょうかい》したディスレクシア（読み書き障害《しょうがい》）の南雲明彦《なぐもあきひこ》さんと、症状《しょうじょう》が似《に》ています。ただし、この男の子は、ディスレクシアと診断《しんだん》されたわけではありません。

この男の子がとくに苦手なのが、平仮名《ひらがな》の「あ」の字です。「あ」の字は丸みがあって、じょうずに書くのは難《むずか》しいうえに、平仮名《ひらがな》の中では、線の交差が多い字です。たとえば「お」の字に線を一本書き加えるなど、「あ」の字が苦手だという子は、けっこう多いそうです。

じつは、男の子が受けていたのは「視覚認知《しかくにんち》」とよばれるトレーニングです。学年が進んで難《むずか》しい漢字が出てくると、文字の中の線の重なりは、ますます多くなっていきます。そこで、図形を塗《ぬ》りつぶす作業を通して、重なった形の一つひとつに注意を向ける、目のトレーニングをしているのです。

これは、じつは、弱視《じゃくし》の子のために考え出された指導法《しどうほう》です。旭川盲学校《あさひかわもうがっこう》は、このトレーニングは、LD《エルディー》の子どもにも応用《おうよう》できるだろうと考え、二〇〇二年から地域《ちいき》の子を対象に、「教育相談」を行ってきました。

そのことを聞いたわたしは、ぜひ取材してみたいと思い、旭川《あさひかわ》を訪《おとず》れたのです。では、盲学校《もうがっこう》で、なぜこのような、地域《ちいき》の子どもを対象にした教育相談をしているのでしょうか。

LD《エルディー》や注意欠陥《けっかん》・多動性障害《たどうせいしょうがい》（ADHD《エーディーエイチディー》）、高機能自閉症《こうきのうじへいしょう》など、発達障害《しょうがい》の子を対象にした特別支援《しえん》教育が、二〇〇七年から本格的《ほんかくてき》に始まりました。

そのため、特別支援《しえん》学校（盲《もう》・ろう・養護《ようご》学校）には、こうした子どもたちへの指導《しどう》法《ほう》を一般《いっぱん》の学校の先生に伝える、センター的な機能《きのう》が求められています。

旭川盲学校《あさひかわもうがっこう》でも「支援部《しえんぶ》」（当初は地域《ちいき》サービス部）という組織《そしき》をつくり、長年にわたって蓄積《ちくせき》してきた指導《しどう》のノウハウを、地域《ちいき》に還元《かんげん》していこうと考えたのです。

男の子が教育相談に来て、視覚認知《しかくにんち》のドリルに取り組むのは月に一回。それ以外の日は、在籍《ざいせき》する小学校で授業《じゅぎょう》を受けています。

旭川盲学校《あさひかわもうがっこう》ではさらに、この男の子が通っている小学校の担任《たんにん》の先生や、特別支援《しえん》教育コーディネーター（158ページ参照）などと連携《れんけい》しながら、学習をサポートしているのです。

漢字の形を分解《ぶんかい》し耳からも聞いておぼえる

放課後の図書室で、今度は中学三年生の男子生徒と会いました。詰《つ》め襟《えり》の制服《せいふく》の上からも、がっしりとした肉づきがうかがえます。聞けば、中学では野球部に所属《しょぞく》し、日々体をきたえているそうです。

小児神経科《しょうにしんけいか》の医師《いし》の紹介《しょうかい》で、彼《かれ》が旭川盲学校《あさひかわもうがっこう》の教育相談に来たのは、小学校四年生のときでした。社会科が大好きで、『日本書紀《にほんしょき》』（『古事記《こじき》』とともに日本でもっとも古い歴史書）が読みたいと泣《な》き、母親を困《こま》らせたこともあるそうです。小学生で『日本書紀《にほんしょき》』に興味《きょうみ》をもつとは、歴史への関心が並大抵《なみたいてい》でないことを物語っています。

それほど歴史が好きなのに、彼《かれ》は漢字を書くのが大の苦手でした。学習障害《しょうがい》の一種、ディスレクシアです。ただし、南雲《なぐも》さんの場合とちがうのは、読むほうには問題がなく、字を書くことにだけ困難《こんなん》があることです。やはり「あ」の字が苦手で、書けるようになったのは、小学校二年生になってからでした。

漢字のテストがあると、泣《な》き出し、教室から逃《に》げ出してしまう。担任《たんにん》も、一生けんめい勉強していることはわかっているだけに、困《こま》っていました。

母親は「ほかの教科はできるので、やる気がないのだと怒《おこ》ってばかりいたんです。でも、本人がすごく困《こま》っていることがわかって、旭川盲学校《あさひかわもうがっこう》の教育相談に来ることにしました」とふり返ります。

その日、彼《かれ》が取り組んだのは、旭川盲学校《あさひかわもうがっこう》の先生が独自《どくじ》に開発したパソコンソフトの教材でした。漢字を部首《ぶしゅ》や画《かく》に細かく分解《ぶんかい》して、その一つひとつをおぼえていくように作られています。

部首《ぶしゅ》や画《かく》に注目する発想は、外国人に漢字をおぼえてもらうため、漢字の形に注目した、新宿区《しんじゅく》立大久保《おおくぼ》小学校の善元幸夫《よしもとゆきお》先生（17ページ参照）の場合と似《に》ています。

たとえば合格《ごうかく》の「格《かく》」という字。パソコンの画面に大きく映《うつ》し出された「格《かく》」の字の「木」や「口」の部分をクリックすると、その部分が点滅《てんめつ》して消えます。さらに分解《ぶんかい》した部分を「きへん」などと命名し、パソコンが読み上げてくれます。

こうして耳から入る音声の情報《じょうほう》で、目で見た文字の構成《こうせい》の情報《じょうほう》を補《おぎな》いながら、各部位をおぼえます。それを組み合わせることによって、一つひとつの漢字を書けるようにするのです。

彼《かれ》は、毎日このソフトに集中して取り組んだ結果、六点だったこともある漢字テストの点数が、六〇～七〇点にまで伸《の》びました。

「漢字は、ただの棒《ぼう》の集まりにしか見えませんでした」

小学生時代を、そうふり返る彼《かれ》。さらに、母親はこう話してくれました。

「ここの教育相談を受けなかったら、自分の名前も書けるようにならなかったかもしれないし、学校がきらいになっていたかもしれません」

教育相談担当《たんとう》の女性教師《じょせいきょうし》は、慎重《しんちょう》に言葉を選びながら説明してくれました。

「どんな子にも万能《ばんのう》な指導法《しどうほう》というわけではありません。彼《かれ》には合った、ということです」

はにかみながら当時のことを話してくれた彼《かれ》の姿《すがた》を見ていると、それでも、目の前に一筋《ひとすじ》の光が差したような気がしました。

ディスレクシアの症状《しょうじょう》に苦しめられ、そうとは知らず、自分を責《せ》め続けた南雲《なぐも》さん。もっと早くディスレクシアだと教えてもらい、このようなトレーニングに取り組むことができていたら……。

そんな思いが、頭をよぎりました。

ある中学校の取り組み「コミュニケーションタイム」

旭川盲学校《あさひかわもうがっこう》での事例のように、一人ひとりに合った支援《しえん》が行われている一方で、学校全体としての取り組みを行っている学校もあります。

北に富士山《ふじさん》を望む静岡県《しずおかけん》三島市《みしまし》。市立北中《きたちゅう》学校を訪《たず》ねたのも、ちょうど同じころでした。「心のユニバーサルデザイン」を目指した学校づくりに取り組んでいるというリポートを雑誌《ざっし》で読み、ぜひ授業《じゅぎょう》を見てみたくなったのです。

北中《きたちゅう》の取り組みの特徴《とくちょう》は、支援《しえん》が必要な発達障害《しょうがい》の子だけでなく、まわりの子をふくめたすべての生徒を特別支援《しえん》教育の対象にしていることです。その柱になっているのが、授業《じゅぎょう》の一環《いっかん》として全学年で取り入れている「コミュニケーションタイム」です。

二年生の授業《じゅぎょう》を見学しました。この日のテーマは「待ち合わせ」。修学《しゅうがく》旅行の場面を想定したグループ活動を通して、待ち合わせをする場所の伝え方、聞き方について、正《せい》確《かく》な情報《じょうほう》伝達のスキルを学習するのが目的です。

教室では、三〜四人が机《つくえ》を向かい合わせ、一つのグループを作っています。女性教師《じょせいきょうし》が画用紙を一枚《まい》ずつ、グループの代表者に配りました。

「制限《せいげん》時間は一分間。修学《しゅうがく》旅行と聞いて、思いうかぶ言葉を書きましょう」

先生の合図で、グループのみんながつぎつぎと単語を口にしはじめました。書記係の生徒が油性《ゆせい》ペンを走らせて書き取っていきます。

「グループ活動、お土産《みやげ》、新幹線《しんかんせん》、京都《きょうと》、清水寺《きよみずでら》、それから……」

瞬発力《しゅんぱつりょく》と、チームワークが求められます。

一分後、それぞれのグループが書き出した単語を発表していきました。もっともその数が多かったグループから、喜びの拍手《はくしゅ》がわき起こりました。

気分がほぐれたところで、ここからが本番です。今度は一人ひとりに、来年の修学《しゅうがく》旅行で訪《おとず》れる予定の、奈良《なら》公園を中心とした地図が配られました。

はじめに、先生がルールを説明します。

「真剣《しんけん》にやろう。時間を守ろう。人をけなしたりしない」

生徒が小さくうなずき、それぞれが地図を見つめます。

教室に張《は》りつめた空気が漂《ただよ》う中、先生が出題を始めました。

「近鉄奈良《きんてつなら》駅を出て、国道三六九号を東へ歩きます。左手に県庁《けんちょう》、右手に国宝館《こくほうかん》があります。そこから一つ目の交差点を左に曲がります。そして、次の道を右へ曲がってしばらく行くと突《つ》き当たるので、道なりに左へと進みます。そして一つ目の角を右へ曲がり、最初の四つ角を右へと入ったところにある建物が待ち合わせ場所です」

とても早口で、小さな声です。正解《せいかい》の待ち合わせ場所である「東大寺南大門《とうだいじなんだいもん》」がわかったのは、たった二人でした。

「なぜわかりにくかったのでしょう」と、先生が問いかけます。

生徒たちからは、「説明が早い」「声が小さい」「『交差点』とか難《むずか》しい言葉を使うと意味がわからない」「まわりがうるさいと聞き取れない」などの声が、つぎつぎとあがりました。

二回目の出題は、一回目よりも、ゆっくりと、大きな声で説明されました。「交差点」も「信号」という簡単《かんたん》な言葉に言い換《か》えられました。さらに、先生は途中《とちゅう》で生徒たちからの質問《しつもん》も受けつけました。

今度は十人が、先生の指定した待ち合わせ場所にたどり着けました。

次はグループごとの取り組みです。グループの代表が廊下《ろうか》によび出され、先生から待ち合わせ場所を告げられます。考える時間は一分間。答えを知らないグループの仲間に、表現《ひょうげん》をくふうしながら、言葉だけで目的地を伝えます。

「思ったよりも難《むずか》しかった。同じ説明でも、通じる人と通じない人がいることがわかりました」と、女子生徒が感想をもらしていました。

「伝える、伝えられるの両方の立場を体験することによって、人にはそれぞれの反応《はんのう》があることがわかったはずです。たとえ伝わらなくても、相手だけが一方的に悪いわけではないことを知ってほしかったのです」

先生が、授業《じゅぎょう》のねらいを説明してくれました。

生徒はコミュニケーションタイムを重ねるなかで、たとえばイラストを使うなど、どうすれば相手に正確《せいかく》に伝わるかをくふうするようになっていくそうです。

北中《きたなか》には、知的障害《しょうがい》や情緒障害《じょうちょしょうがい》の子が在籍《ざいせき》する特別支援《しえん》学級があります。校長は、「コミュニケーションタイム」を中心にした取り組みについて、こうふり返ります。

「学習面でのつまずきのある子や、生活面で、集団《しゅうだん》に適応《てきおう》できない行動をとる子。その原因《げんいん》を、かつてはその子の保護者《ほごしゃ》のしつけや、本人の努力不足にあると考える傾向《けいこう》がありました」

しかし、講師《こうし》を招《まね》いて勉強会をするなど、発達障害《しょうがい》についての理解《りかい》を深めていきました。その結果、障害《しょうがい》を個性《こせい》としてとらえ、おたがいのちがいを認《みと》め合えるようになれば、発達障害《しょうがい》の子にとっても、そうでない子にとっても、学校が居心地《いごこち》のよい場所になると考えたのです。

特別支援《しえん》学級の生徒たちは、文化祭では劇《げき》を発表するのが恒例《こうれい》です。せりふをおぼえるのが得意《とくい》で、劇中《げきちゅう》の役になりきる生徒の演技《えんぎ》を目にした通常《つうじょう》学級の生徒たちからは、「自分たちにはできないことができるんだ」と、感嘆《かんたん》の拍手《はくしゅ》が送られるようになりました。すると、通常《つうじょう》学級の生徒たちに認《みと》められることによって、特別支援《しえん》学級の生徒は、自信をもつようになっていったそうです。

どのように行う？ 特別支援《しえん》教育

軽度の言語障害《しょうがい》や情緒障害《じょうちょしょうがい》、視覚障害《しかくしょうがい》、聴覚障害《ちょうかくしょうがい》などの児童生徒が、通常《つうじょう》学級に在籍《ざいせき》して授業《じゅぎょう》を受けながら、特別の場で障害《しょうがい》に応《おう》じた指導《しどう》も受けることを「通級指導《しどう》」とよびます。二〇〇六年度からは、ＬＤ《エルディー》（学習障害《しょうがい》）、ＡＤＨＤ《エーディーエイチディー》（注意欠陥《けっかん》・多動性《たどうせい》障害《しょうがい》）が、新たに通級指導《しどう》の対象となりました。

その背景《はいけい》には、言語障害《しょうがい》を対象とする「ことばの教室」などに通う児童生徒の中に、ＬＤ《エルディー》など発達障害《しょうがい》の子が増《ふ》えているという現状《げんじょう》がありました。こうした子は、言葉をうまく発音できない構音障害《こうおんしょうがい》とはちがい、言葉をコミュニケーションの手段《しゅだん》として使うのが苦手、という共通点があります。

文部科学省《もんぶかがくしょう》の調査《ちょうさ》によると、二〇〇七年五月一日現在《げんざい》、通級指導《しどう》を受けている小中学生は約四万五千人。その五・五パーセントはLD《エルディー》で、五・八パーセントは、ADHD《エーディーエイチディー》の子です。

二〇〇七年に本格的《ほんかくてき》に始動した特別支援《しえん》教育では、通級指導《しどう》の対象が拡大《かくだい》されたのに続き、LD《エルディー》、ADHD《エーディーエイチディー》、高機能自閉症《こうきのうじへいしょう》など、従来《じゅうらい》の特殊《とくしゅ》教育では対象とされなかった発達障害《しょうがい》の子も、教育的ニーズに応《おう》じて支援《しえん》するのが目的です。

二〇〇七年五月一日現在《げんざい》の義務《ぎむ》教育段階《だんかい》の児童生徒千八十二万人のうち、障害《しょうがい》の重い子どもを対象とした特別支援《しえん》学校の在籍者《ざいせきしゃ》は〇・五三パーセント、比較的障害《ひかくてきしょうがい》が軽い特別支援《しえん》学級の在籍者《ざいせきしゃ》は一・〇四パーセント、通級による指導《しどう》を受けている子どもは〇・四一パーセントです。これらを合わせると、約二十二万人となります。

しかし、文科省《もんかしょう》が二〇〇二年、教員に行った調査《ちょうさ》では、通常《つうじょう》学級に発達障害《しょうがい》の可能《かのう》性《せい》がある児童生徒が六・三パーセントいるとの結果が出ています。この割合《わりあい》を全児童生徒数にあてはめると、さらに約六十八万人にも支援《しえん》が必要ということになるのです。

見方を変えれば、本来は支援《しえん》が必要だったこれだけの子どもたちが、これまではなんのサポートを受けてこなかったという言い方もできます。

特別支援《しえん》教育は「特別あつかい」や「隔離《かくり》」ではないはず

学校内で特別支援《しえん》教育の中心的役割《やくわり》を果たす「特別支援《しえん》教育コーディネーター」（147ページ参照）を校長が指名したり、こうした子の実態把握《じったいはあく》などを行う校内委員会が設置《せっち》されたりするなど、特別支援《しえん》教育を推進《すいしん》する体制《たいせい》自体は、形の上ではほぼ整いました。

しかし、重要なのは支援《しえん》のしかたです。発達障害《しょうがい》の子を指導《しどう》するには、細心の注意が必要です。学級の中で、その子だけを特別あつかいにしてケアするようなサポートでは、かえっていじめの対象になってしまうかもしれません。

また、発達障害《しょうがい》の子を別室で個別指導《しどう》するケースもあるかもしれません。しかし、みなさんは、もし自分がそのようにあつかわれたら、どのように感じますか？　特別支《し》援《えん》教育の名のもとに、その子を通常《つうじょう》の学級から「隔離《かくり》」するようなことがあってはいけません。

そうした意味からも、発達障害《しょうがい》の子だけでなく、まわりの子もふくめてわかり合い、認《みと》め合っていくという北中《きた》の発想は、一つのモデルケースになるのではないか、とわたしは思います。

北中《きた》のコミュニケーションタイムでは、どうすれば相手に伝わるかを考えることによって、相手をよく観察するようになり、その長所も見えてきます。

「コミュニケーションタイムを取り入れてから、生徒がみんなやさしくなりました」

という校長の話が印象的でした。

そして、特別支援《しえん》学級の生徒の劇《げき》の話は、いじめにあった韓国《かんこく》の子に自信をもたせ、まわりの子に韓国《かんこく》の文化のすばらしさに気づかせようと、キムチの授業《じゅぎょう》を考えた善元《よしもと》先生のことを思い出させてくれました（33ページ参照）。

障害《しょうがい》のある子も、ない子も、おたがいのちがいを個性《こせい》として認《みと》め合い、尊重《そんちょう》し合う生徒たち。こんな雰囲気《ふんいき》が全国の学校に広がっていけば、今はいきいきと過《す》ごす東京シューレ葛飾《かつしか》中学校の生徒たちのような、つらい不登校の経験をする子も減《へ》っていくかもしれません。

ADD《エーディーディー》、ADHD《エーディーエイチディー》の先輩《せんぱい》たちからのメッセージ

最後に、学校をすでに卒業している先輩《せんぱい》たちのメッセージを紹介《しょうかい》したいと思います。

発達障害《しょうがい》のある大人が、自分の学校時代のいじめの経験《けいけん》について話し合うシンポジウムを取材したことがありました。

主催《しゅさい》したのは、ADD《エーディーディー》（注意欠陥障害《けっかんしょうがい》）、ADHD《エーディーエイチディー》（注意欠陥《けっかん》・多動性障害《たどうせいしょうがい》）の症状《しょうじょう》がある成人でつくるNPO《エヌピーオー》法人《ほうじん》「大人のADD&ADHD《エーディーディーアンドエーディーエイチディー》の会」（SOAA《ソア》）です。

いじめにあった会員が、自分たちの経験《けいけん》をむだにしたくないと、子どもたちにメッセー

ジを送りました。

ADHD《エーディーエイチディー》は、強い貧乏《びんぼう》ゆすりや早口、絶《た》え間ないおしゃべりなどの「多動性《たどうせい》」、なにか思いついたことを黙《だま》っていられず、ついしゃべってしまうなどの「衝動性《しょうどうせい》」、気が散りやすい、忘《わす》れ物をしやすいなどの「不注意」に特徴《とくちょう》がある発達障害《しょうがい》です。生まれつきの脳機能障害《のうきのうしょうがい》と考えられており、男女比《ひ》四対一で、男性《だんせい》に多く発症《はっしょう》するとされています。

SOAA《ツア》では二〇〇七年二月から三月にかけ、会員を対象に、子ども時代のいじめ経験《けいけん》についてアンケート調査《ちょうさ》を行いました。回答者のうち、医師《いし》からADHD《エーディーエイチディー》と診断《しんだん》されている五十六人を抽出《ちゅうしゅつ》し、その内容《ないよう》を分析《ぶんせき》しました。

小中学校時代に、「短所も含《ふく》めて自分のことが好きだったか、ありのままの自分でいいと感じていましたか？」との質問《しつもん》に、「はい」と答えたのは一三パーセント、「いいえ」は六六パーセント。

「保護者《ほごしゃ》が自分のことを大事に思っていると感じましたか？」との質問《しつもん》には、「はい」

が五二パーセントいる一方で、「いいえ」も三八パーセントに上りました。学校時代の自己肯定感《じここうていかん》の低さが浮《う》き彫《ぼ》りになりました。

いじめられた経験《けいけん》がある人は八四パーセントにも上り、ない人の五パーセントを大幅《おおはば》に上回りました。

いじめられた理由についての自由記述《きじゅつ》では「普通《ふつう》と違《ちが》うから」「空気が読めなかった」「一般的《いっぱんてき》なコミュニケーションスキルがなかった」「反論《はんろん》できなかった」などの意見が寄《よ》せられました。

「死んだほうがまし」と思うほどのいじめを経験《けいけん》したのは四三パーセント、実際《じっさい》に自殺を試みたことがある人も、二一パーセントいました。

アンケートでは、子どもや教師《きょうし》、親へのメッセージを記述《きじゅつ》する欄《らん》も設《もう》けられました。ＡＤＨＤ《エーディーエイチディー》をもち、いじめられている子どもへ伝えたいメッセージをいくつか紹介《しょうかい》しましょう。

○自分にもっと自信を持って欲《ほ》しい。必ずあなたの存在《そんざい》を認《みと》めてくれる人はいます。
○辛《つら》い、困《こま》っているという事を、我慢《がまん》しないで担任《たんにん》の先生やご両親に伝えてほしいな、と思います。
○学校なんて無理して行かなくていいんだよ。つらいなら、逃《に》げちゃおうよ。せっかくなら、暖《あたた》かく懐《なつ》かしい、ステキな思い出で満たされてほしい。思い出は、「学校」でしか作れないというわけじゃない。だから、つらかったら、逃《に》げちゃえ。
○知ってる？　誰《だれ》もがみんな、絶対《ぜったい》に例外がなく、価値《かち》があるってことを。ねえ知ってる？　みんなと違《ちが》うって、とっても素敵《すてき》なことだって。個性《こせい》があるのってね、特別なことなんだよ。

「死にたい」と思っている子どもへも、メッセージが寄《よ》せられました。

○「生きている」ということは、ただそれだけで、とても価値《かち》があって、素晴《すば》らしいことです。生きたくても生きられない人達が沢山《たくさん》いることを知ってください。

。あなたは一人ではないし、良いところもあるのに自信のなさや失敗で怯《おび》えているだけ！　自分のしっている小さな世界に引きこもらずに、もっと沢山《たくさん》の人や仲間に出会って励《はげ》まし合いましょう！　あなたの努力や経験《けいけん》の話がヒントになって救われる仲間や共感できる仲間との出会いがあるから、自分に負けないで！

。がんばるんじゃなくて、今の思いを周《まわ》りに伝えて！　小さなあなたの存在《そんざい》が、大きな力になることに気付いてください。

学校の先生へのメッセージもあります。

。発達障害《しょうがい》を一つの個性《こせい》と捉《とら》え、「違《ちが》い」を認《みと》め、受け入れる教育をしてほしい。まず先生自体がそれを出来なければならないと思います。

。私《わたし》のような、思いついたことを次から次へとしゃべったり、試してみたりせずにいられない子どもにとって最高の先生だったのは、小学校三年の時、それらの思いつきを才能《さいのう》と認《みと》め、その都度《つど》ほめてくれて、賞状《しょうじょう》をくれた方でした。それはただ「アイディア賞」と書いて判子《はんこ》を押《お》しただけの小さな紙切れでしたが、そのおかげで、自分に自信を持ち、誇《ほこ》らしく学校生活を過《す》ごすことが出来ました。

こうしたアンケート結果をふまえたシンポジウムでは、会員五人によるパネルディスカッションが行われました。

三十歳代《さいだい》の主婦《しゅふ》は、二十六歳《さい》のときに自閉症《じへいしょう》スペクトラム（ドキュメント・ユニバーサルデザイン『五感の力でバリアをこえる』参照）と診断《しんだん》されました。幼少《ようしょう》のころから、周囲との違和感《いわかん》を感じていたと言います。母親から「あまのじゃく」とよばれ、虐待《ぎゃくたい》を受けた経験《けいけん》を語りました。学校では「ばい菌《きん》」あつかいされ、「性格改造授業《せいかくかいぞうじゅぎょう》」と称《しょう》して、自分の欠点を延々《えんえん》と板書させられたこともあります。

その後、不登校になった彼女《かのじょ》は「いじめられるほうにも原因《げんいん》があるという人もいるけれど、いじめは加害者《かがいしゃ》が一〇〇パーセント悪い。自分に自信がもてない発達障害《しょうがい》の子と接《せっ》するときは、一日に一回はほめてあげてほしい」と訴《うった》えました。

翻訳家《ほんやくか》として活動する四十歳代《さいだい》の女性《じょせい》は、「いじめている子も、いじめられている子も、ありのままに受け入れてほしい。その子の存在《そんざい》を否定《ひてい》しないことが大切です」と、力強く語りました。

当時は、ＡＤＨＤ《エーディーエイチディー》など発達障害《しょうがい》の存在《そんざい》自体が今ほど知られていませんでした。そのため、落ち着きのない子と見られて、先生やクラスメートとの関係がうまくいかず、そのことがきっかけで、不登校や引きこもり、家庭内暴力《ぼうりょく》などの二次的障害《しょうがい》に苦しんでしまう。そんなつらい学校生活を送ってきた〝先輩《せんぱい》〟たちが、後輩《こうはい》たちへ送る心の叫《さけ》びが胸《むね》に響《ひび》きました。

みずからの不登校経験《けいけん》を語る東京《とうきょう》シューレのＯＢ《オービー》・ＯＧ《オージー》や在校生《ざいこうせい》、ディスレクシアに苦しんだ南雲《なぐも》さん、そして手話《しゅわ》という「母語《ぼご》」と「文化」を奪《うば》われたろう者たち……。こうした当事者が声を上げることによって、教育現場《げんば》は変わっていくでしょう。

もちろん、当事者をあたたかく見守る保護者《ほごしゃ》たちのパワーが、東京《とうきょう》シューレ葛飾《かつしか》中や明晴《めいせい》学園という前例のない学校を生み出したことも見逃《みのが》せません。

この本では、外国にルーツをもつ子どもとともに歩む善元幸夫《よしもとゆきお》先生、奪《うば》われてきた手話で学ぶ機会をつくった明晴《めいせい》学園、しおれた草花が水を吸《す》い上げるように、不登校の子がいきいき過《す》ごす東京《とうきょう》シューレ葛飾《かつしか》中学校、そして自分に合った高校を探《さが》しながら自分と出会っていった南雲明彦《なぐもあきひこ》さんのことを紹介《しょうかい》してきました。

読んでいただいたみなさんには、それぞれの感想があると思います。

明晴《めいせい》学園や東京《とうきょう》シューレ葛飾《かつしか》中のような前例のない学校がつぎつぎとでき、特別支援《しえん》教育もスタートしました。今、みなさんをとりまく教育界は激動《げきどう》の時期を迎《むか》えています。

そんな中にあっても、学校の主人公はみなさん一人ひとりです。そのことを忘《わす》れずに、だれもがのびのびと学べる居心地《いごこち》のいい学校を、みんなでつくっていってください。

おわりに

さまざまな個性《こせい》の子と学ぶ学校に

駅前商店街の一角にあるビルに入り、やや緊張《きんちょう》しながらエレベーターのボタンを押《お》した日のことを、今でもおぼえています。

五階に着いて扉《とびら》が開いた瞬間《しゅんかん》、目に飛びこんできたのは、講師《こうし》からマンツーマンで指導《しどう》を受ける子どもたちの真剣《しんけん》なまなざしでした。いくつもの机《つくえ》といすが並《なら》べられたフロアには、さわやかな秋の日が差しこんでいました。

あのとき、わたしの〝障害児《しょうがいじ》教育への扉《とびら》〟も開かれたのかもしれません。

社会部に異動《いどう》したばかりのわたしは、はじめて取り組む東京《とうきょう》都内版の連載《れんさい》テーマを探《さが》していました。その過程《かてい》で、心身に障害《しょうがい》をもつ子どもたちに学習を教えている東京《とうきょう》都にある私塾《しじゅく》にたどり着いたのです。

そこで出会ったのは、学ぶ意欲《いよく》はあるのに、障害《しょうがい》があることなどを理由に、学校で十分な教育の機会を与《あた》えられていない子どもたちでした。

「教育界のさまざまなひずみが、もっとも立場の弱い、障害児《しょうがいじ》の教育に表れているんですよ」という、私塾《しじゅく》の主宰者《しゅさいしゃ》の言葉が胸《むね》に刺《さ》さりました。

あの取材から十四年の月日が流れました。発達障害者支援《しょうがいしゃしえん》への国や地方公共団体《だんたい》の責務《せきむ》をあきらかにした法律《ほうりつ》ができ、二〇〇七年から特別支援《しえん》教育が本格的《ほんかくてき》に始まりました。

学校は、障害《しょうがい》のある子どもたちにやさしく、居心地《いごこち》のよい場所に変わったのでしょうか？

たとえば、不登校の中学生の割合《わりあい》が過去《かこ》最高を更新《こうしん》した調査《ちょうさ》結果などを見るにつけ、答えはけっしてイエスではないと感じずにはいられません。

そんななか、この本で紹介《しょうかい》した学校や団体《だんたい》、そして人びとは、疲弊《ひへい》した教育界に風穴《かざあな》を開ける起爆剤《きばくざい》となる可能性《かのうせい》を秘《ひ》めています。

既存《きぞん》の学校とは別に、フリースクールという新しい学びの場をつくって活動してきた奥地圭子《おくちけいこ》さんが、次のステップとして選んだのは、まったく新しい学校の設立《せつりつ》でした。

「不登校の子はかわいそうな子だという差別や偏見《へんけん》をなくすため、学校が中心ではなく、子ども中心の価値観《かちかん》をつくっていきたい」。そう話す奥地《おくち》さんの表《ひょう》情《じょう》からは、固い決意がうかがえました。

シューレから社会へ巣立《すだ》ったOB《オービー》・OG《オージー》たちが、さまざまな分野で活躍《かつやく》し、自分たちの経験《けいけん》を話す機会がもっと多くなれば、「不登校も個性《こせい》の一つ」と笑って話せる社会が訪《おとず》れるかもしれません。

ディスレクシア（読み書き障害《しょうがい》）のことを多くの人びとに正しく知ってもらおうと、講演《こうえん》で全国を駆《か》け回る南雲明彦《なぐもあきひこ》さんの献身的《けんしんてき》な活動には、頭が下がります。

「自分と同じように苦しんでいる子どもたちの力になりたい」という熱い思いと、「当事者が声を上げなければ、社会はなにも変わらない」という覚悟《かくご》。

大きな字を使って一行の文字数を少なくしたり、説明には絵を添《そ》えたり。そんな少しの配慮《はいりょ》で、学校も、社会も、もっと生きやすくなることを、南雲《なぐも》さんから教わりました。

増《ふ》え続ける外国人の子を対象にした教育の最前線に立つ善元幸夫《よしもとゆきお》先生は、「多文化共生」への避《さ》けられぬ流れを説明してくれました。

ゆとり教育への反動から、文部行政《もんぶぎょうせい》は、伝達・詰《つ》めこみ型の教育へと舵《かじ》を切ります。その動きに疑問《ぎもん》を呈《てい》しながら、「総合的《そうごうてき》な学習の時間」が育む確《たし》かな学力について熱弁《ねつべん》する善元《よしもと》先生の姿《すがた》が印象的でした。

「授業《じゅぎょう》は一期一会《いちごいちえ》の積み重ねで、生《なま》モノ。だから、けっして授業《じゅぎょう》の名人は存在《そんざい》しない」。逆説的《ぎゃくせつてき》な言い方ですが、その言葉の裏《うら》に、善元《よしもと》先生のプロフェッショナリズムを感じずにはいられません。

ろう教育の新たな歴史を切りひらいた明晴《めいせい》学園。ジャーナリストの先輩《せんぱい》でもある斉藤道雄《さいとうみちお》校長からは、子どもたちを信じる大切さを教わりました。

さて、わたしが働く新聞社には、いろいろな部署《ぶしょ》があります。文化部、社会部、政治《せいじ》部、経済《けいざい》部、国際《こくさい》部、運動部……。紙面を作る編集局《へんしゅうきょく》だけでなく、販売局《はんばいきょく》、広告局などのセクションもあります。

ほんとうにたくさんの人びとが、多彩《たさい》な分野でそれぞれの才能《さいのう》を発揮《はっき》することによって、毎日みなさんの手元に届《とど》く新聞はできています。特ダネ記者は必要です。でも、事件報道《じけんほうどう》だけでは、紙面は味気《あじけ》ないものになってしまうでしょう。音楽や映画《えいが》など文化・芸能《げいのう》分野や、スポーツのニュースも読みたいですよね。

学校も、いっしょだと思います。頭脳明晰《ずのうめいせき》、運動神経抜群《うんどうしんけいばつぐん》の子どもばかりが集まった学校なんて、きっとつまらないはず。障害《しょうがい》や国籍《こくせき》などもふくめて、いろんな「個性《こせい》」をもったたくさんの子が集まったほうが絶対《ぜったい》楽しいし、そうした人びとが交わることによって、「文化」は生まれていくのだと思います。

最後に、貴重《きちょう》な時間を割《さ》いて、快《こころよ》く取材に協力してくれたみなさんに、心よりお礼を申し上げます。

また、この本を執筆《しっぴつ》する機会を与《あた》えてくれた読書工房《どくしょこうぼう》の成松一郎《なりまついちろう》さん、そして新聞記事とは異《こと》なる原稿《げんこう》の書き方に戸惑《とまど》うわたしを温かく見守り、励《はげ》ましてくれた編集者《へんしゅうしゃ》の土師睦子《はじむつこ》さんに、深く感謝《かんしゃ》の気持ちを伝え、筆をおきたいと思います。

二〇〇九年　二月

保井《やすい》　隆之《たかゆき》

第4章　自分に合った高校を探しながら

●『私たち、発達障害と生きてます』
（高森明、木下千紗子、南雲明彦ほか著、ぶどう社）

●『LD（学習障害）とADHD（注意欠陥多動性障害）』（上野一彦著、講談社）

●『LD（学習障害）とディスレクシア（読み書き障害）』（上野一彦著、講談社）

●『怠けてなんかない!　ディスレクシア』（品川裕香著、岩崎書店）

●「キミはキミのままでいい」（品川裕香編著、NPO法人EDGE）

●NPO法人　EDGE
　http://www.npo-edge.jp/

第5章　居心地のいい学校をつくっていこう

●北海道旭川盲学校
　http://www.kyokumo.hokkaido-c.ed.jp/

●NPO法人　大人のADD&ADHDの会
　http://www.adhd.jp/

参考文献

第1章　外国にルーツをもつ子どもとともに

●『いま、教師は何をすればいいのか』（善元幸夫著、小学館）
●『にほんごチャレンジ　3級［ことばと漢字］』
（春原憲一郎総合監修、漢字編＝善元幸夫著、アスク）
●『ことばの教育と学力』（秋田喜代美・石井順治編著、明石書店）
●「教えから学びへの総合学習のダイナミズム」
（善元幸夫、『教育研究』平成20年7月号、不昧堂出版）

第2章　自分の言葉は自分で選びたい

●『もうひとつの手話』（斉藤道雄著、晶文社）
●『いくおーる』（No.79、No.80、ベターコミュニケーション研究会）
●『ろう教育が変わる!』（小嶋勇監修、全国ろう児をもつ親の会編、明石書店）
●明晴学園
http://www.meiseigakuen.ed.jp/

第3章　みんなのことはみんなで決める中学校

●『不登校という生き方』（奥地圭子著、日本放送出版協会）
●『不登校は文化の森の入口』（渡辺位著、東京シューレ出版）
●「子どもの『育ち』を見守るということ」
（奥地圭子、『おそい・はやい・ひくい・たかい』31号～
ジャパンマシニスト社）
●東京シューレ葛飾中学校
http://www.shuregakuen.ed.jp/

保井隆之（やすい・たかゆき）
1966年東京都生まれ。読売新聞東京本社記者。90年に入社し、山形支局などを経て社会部へ。障害児教育をめぐる問題などを追った。99年、文化部に異動、2008年春からは「教育ルネサンス」取材班で発達障害の連載などに取り組む。同年秋からは大学取材班に所属し、少子化で生き残りの時代に入った大学をルポする記事を執筆している。

カバー・本文イラスト●丸山誠司
本文イラスト●おちあやこ
デザイン●諸橋藍（釣巻デザイン室）
写真提供●明晴学園

ドキュメント・ユニバーサルデザイン
みんなが主人公の学校
学校はみんなでつくる場所

2009年3月25日　第1刷発行

著者　保井隆之
企画・編集　有限会社 読書工房
発行者　佐藤淳
発行所　大日本図書株式会社
〒112-0012
東京都文京区大塚3-11-6
電話 03-5940-8678（編集）、8679（販売）
振替 00190-2-219
受注センター 048-421-7812
印刷　錦明印刷株式会社
製本　株式会社若林製本工場

ISBN978-4-477-01991-8 NDC369

「ユニバーサルデザイン」という ことばを知っていますか？

もともと…

アメリカのロン・メイスという研究者が提唱したことばで
製品や建物などをデザインするときに
あらかじめいろいろな立場の人を想定し
できるだけ多くの人が使いやすいようにくふうしようという
考え方をあらわしています。

たとえば？

駅は毎日いろいろな人が乗り降りする公共の場です。
目の見えない人、見えにくい人、
耳が聞こえない人、聞こえにくい人、
車いすを使っている人、ベビーカーを押しているお母さん、
杖をついたお年寄り、妊娠している人、
日本語があまりわからない外国人…。
だれもが利用しやすい駅をつくろうと考えたとき
あなたならどんなくふうをするでしょうか。

そして！

ユニバーサルデザインという考え方は
製品や建物だけを対象にしているのではありません。
情報やサービスなど目に見えないものについても
ユニバーサルデザインを考えることができます。

ドキュメント UD

「ドキュメント・ユニバーサルデザイン」では
いろいろな立場から、ユニバーサルデザインを目指して
さまざまなくふうをしている人たちの物語をご紹介します。